VORWORT

Die Sammlung "Alles wird gut!" von T&P Books ist für Menschen, die für Tourismus und Geschäftsreisen ins Ausland reisen. Die Sprachführer beinhalten, was am wichtigsten ist - die Grundlagen für eine grundlegende Kommunikation. Dies ist eine unverzichtbare Reihe von Sätzen um zu "überleben", während Sie im Ausland sind.

Dieser Sprachführer wird Ihnen in den meisten Fällen helfen, in denen Sie etwas fragen müssen, Richtungsangaben benötigen, wissen wollen wie viel etwas kostet usw. Es kann auch schwierige Kommunikationssituationen lösen, bei denen Gesten einfach nicht hilfreich sind.

Dieses Buch beinhaltet viele Sätze, die nach den wichtigsten Themen gruppiert wurden. Die Ausgabe enthält auch einen kleinen Wortschatz, der etwa 3.000 der am häufigsten verwendeten Wörter enthält. Ein weiterer Abschnitt des Sprachführers bietet ein gastronomisches Wörterbuch, das Ihnen helfen könnte, Essen in einem Restaurant zu bestellen oder Lebensmittel in einem Lebensmittelladen zu kaufen.

Nehmen Sie den "Alles wird gut" Sprachführer mit Ihnen auf die Reise und Sie werden einen unersetzlichen Begleiter haben, der Ihnen helfen wird, Ihren Weg aus jeder Situation zu finden und Ihnen beibringen wird keine Angst beim Sprechen mit Ausländern zu haben.

INHALTSVERZEICHNIS

Aussprache	5
Liste der Abkürzungen	7
Sprachführer Deutsch-Arabisch	9
Thematischer Wortschatz	73
Gastronomisches Wörterbuch	193

T&P Books Publishing

Reisesprachführersammlung
"Alles wird gut!"

T&P Books Publishing

SPRACHFÜHRER

— ARABISCH —

Andrey Taranov

Die nützlichsten Wörter und Sätze

Dieser Sprachführer
beinhaltet die häufigsten
Sätze und Fragen,
die für die grundlegende
Kommunikation mit
Ausländern benötigt wird

T&P BOOKS

Sprachführer + Wörterbuch mit 3000 Wörtern

Sprachführer Deutsch-Arabisch und thematischer Wortschatz mit 3000 Wörtern

Von Andrey Taranov

Die Sammlung "Alles wird gut!" von T&P Books ist für Menschen, die für Tourismus und Geschäftsreisen ins Ausland reisen. Die Sprachführer beinhalten, was am wichtigsten ist - die Grundlagen für eine grundlegende Kommunikation. Dies ist eine unverzichtbare Reihe von Sätzen um zu "überleben", während Sie im Ausland sind.

Dieses Buch beinhaltet auch ein kleines Vokabular mit etwa 3000, am häufigsten verwendeten Wörtern. Ein weiterer Abschnitt des Sprachführers bietet ein gastronomisches Wörterbuch, das Ihnen helfen kann, Essen in einem Restaurant zu bestellen oder Lebensmittel im Lebensmittelladen zu kaufen.

T&P Books Publishing
www.tpbooks.com

ISBN: 978-1-78716-939-5

Dieses Buch ist auch im E-Book Format erhältlich.
Besuchen Sie uns auch auf www.tpbooks.com oder auf einer der bedeutenden Buchhandlungen online.

AUSSPRACHE

T&P phonetisches Alphabet	Arabisch Beispiel	Deutsch Beispiel
[a]	طَفَى [ṭaffa]	schwarz
[ā]	إِختَار [iҳtār]	Zahlwort
[e]	هامبورجر [hamburger]	Pferde
[i]	زِفاف [zifāf]	ihr, finden
[ī]	أبريل [abrīl]	Wieviel
[u]	كلكتا [kalkutta]	kurz
[ū]	جاموس [ʒāmūs]	über
[b]	بِداية [bidāya]	Brille
[d]	سعَادة [saʿāda]	Detektiv
[ḍ]	وضع [waḍʿ]	pharyngalisiert [d]
[ʒ]	الأرجنتين [arʒantīn]	Regisseur
[ð]	تذكار [tiðkār]	Motherboard
[ẓ]	ظهر [ẓahar]	pharyngalisiert [z]
[f]	خفيف [ҳafīf]	fünf
[g]	جولف [gūlf]	gelb
[h]	إتِجاه [ittiʒāh]	brauchbar
[ḥ]	أحبّ [aḥabb]	pharyngalisiert [h]
[y]	ذهبيّ [ðahabiy]	Jacke
[k]	كرسيّ [kursiy]	Kalender
[l]	لمح [lamaḥ]	Juli
[m]	مرصد [marṣad]	Mitte
[n]	جنوب [ʒanūb]	Vorhang
[p]	كابتشينو [kaputʃīnu]	Polizei
[q]	وثق [waθiq]	Kobra
[r]	روح [rūḥ]	richtig
[s]	سخرِيَة [suҳriyya]	sein
[ṣ]	معصم [miʿṣam]	pharyngalisiert [s]
[ʃ]	عشاء [ʿaʃāʾ]	Chance
[t]	تنّوب [tannūb]	still
[ṭ]	خريطة [ҳarīṭa]	pharyngalisiert [t]
[θ]	ماموث [mamūθ]	stimmloser th-Laut
[v]	فيتنام [vitnām]	November
[w]	وَدَع [waddaʿ]	schwanger
[ҳ]	بخيل [baҳīl]	billig
[ɣ]	تغدّى [taɣadda]	Vogel (Berlinerisch)
[z]	ماعز [māʿiz]	sein

T&P phonetisches Alphabet	Arabisch Beispiel	Deutsch Beispiel
[ˁ] (ayn)	[sab'a] سبعة	stimmhafte pharyngale Frikativ
[ʔ] (hamza)	[sa'al] سأل	Glottisschlag

LISTE DER ABKÜRZUNGEN

Arabisch. Abkürzungen

du	-	Plural-Nomen-(doppelt)
f	-	Femininum
m	-	Maskulinum
pl	-	Plural

Deutsch. Abkürzungen

Adj	-	Adjektiv
Adv	-	Adverb
Amtsspr.	-	Amtssprache
f	-	Femininum
f, n	-	Femininum, Neutrum
Fem.	-	Femininum
m	-	Maskulinum
m, f	-	Maskulinum, Femininum
m, n	-	Maskulinum, Neutrum
Mask.	-	Maskulinum
n	-	Neutrum
pl	-	Plural
Sg.	-	Singular
ugs.	-	umgangssprachlich
unzähl.	-	unzählbar
usw.	-	und so weiter
v mod	-	Modalverb
vi	-	intransitives Verb
vi, vt	-	intransitives, transitives Verb
vt	-	transitives Verb
zähl.	-	zählbar
z.B.	-	zum Beispiel

T&P BOOKS

ARABISCHER SPRACHFÜHRER

Dieser Teil beinhaltet
wichtige Sätze, die sich in
verschiedenen realen
Situationen als nützlich
erweisen können.
Der Sprachführer wird Ihnen
dabei helfen nach dem Weg
zu fragen, einen Preis
zu klären, Tickets zu kaufen
und Essen in einem
Restaurant zu bestellen.

T&P Books Publishing

INHALT SPRACHFÜHRER

Das absolute Minimum	12
Fragen	15
Bedürfnisse	16
Wie man nach dem Weg fragt	18
Schilder	20
Transport - Allgemeine Phrasen	22
Eine Fahrkarte kaufen	24
Bus	26
Zug	28
Im Zug - Dialog (Keine Fahrkarte)	29
Taxi	30
Hotel	32
Restaurant	35
Einkaufen	37
In der Stadt	39
Geld	41

Zeit	43
Begrüßungen und Vorstellungen	45
Verabschiedungen	47
Fremdsprache	49
Entschuldigungen	50
Einigung	51
Ablehnung. Äußerung von Zweifel	52
Dankbarkeit ausdrücken	54
Glückwünsche. Beste Wünsche	55
Sozialisieren	56
Gemeinsame Eindrücke. Emotionen	59
Probleme. Unfälle	61
Gesundheitsprobleme	64
In der Apotheke	67
Das absolute Minimum	69

T&P Books Publishing

Das absolute Minimum

Entschuldigen Sie bitte, ...	ba'd ezznak, ... بعد إذنك، ...
Hallo.	ahlan أهلا
Danke.	ʃokran شكرا
Auf Wiedersehen.	ella alliqā' إلى اللقاء
Ja.	aywā أيوة
Nein.	la'a لأ
Ich weiß nicht.	ma'raʃʃ ما أعرفش
Wo? | Wohin? | Wann?	feyn? | lefeyn? | emta? فين؟ | لفين؟ | إمتى؟

Ich brauche ...	meḥtāg ... محتاج ...
Ich möchte ...	'āyez ... عايز ...
Haben Sie ...?	ya tara 'andak ...? يا ترى عندك...؟
Gibt es hier ...?	feyh hena ...? فيه هنا ...؟
Kann ich ...?	momken ...? ممكن ...؟
Bitte (anfragen)	... men faḍlak ... من فضلك

Ich suche ...	ana badawwar 'la ... أنا بادور على ...
die Toilette	ḥammām حمام
den Geldautomat	makīnet ṣarraf 'āaly ماكينة صراف آلي
die Apotheke	ṣaydaliya صيدلية
das Krankenhaus	mostaʃfa مستشفى
die Polizeistation	'essm el ʃorṭa قسم شرطة
die U-Bahn	metro el anfā' مترو الأنفاق

das Taxi	taksi
	تاكسي
den Bahnhof	maḥaṭṭet el ʾaṭr
	محطة القطر

Ich heiße …	essmy …
	إسمي...
Wie heißen Sie?	essmak eyh?
	اسمك إيه؟
Helfen Sie mir bitte.	teʾddar tesāʿdny?
	تقدر تساعدني؟
Ich habe ein Problem.	ana ʿandy moʃkela
	أنا عندي مشكلة
Mir ist schlecht.	ana taʿbān
	أنا تعبان
Rufen Sie einen Krankenwagen!	oṭlob ʿarabeyet esʿāf!
	أطلب عربية إسعاف!
Darf ich telefonieren?	momken aʿmel mokalma telefoniya?
	ممكن أعمل مكالمة تليفونية؟

Entschuldigung.	ana ʾāṣṣif
	أنا آسف
Keine Ursache.	el ʿafw
	العفو

ich	ana
	أنا
du	enta
	أنت
er	howwa
	هو
sie	hiya
	هي
sie (Pl, Mask.)	homm
	هم
sie (Pl, Fem.)	homm
	هم
wir	eḥna
	احنا
ihr	entom
	انتم
Sie	haḍḍretak
	حضرتك

EINGANG	doχūl
	دخول
AUSGANG	χorūg
	خروج
AUßER BETRIEB	ʿaṭṭlān
	عطلان
GESCHLOSSEN	moγlaq
	مغلق

OFFEN	maftūḥ مفتوح
FÜR DAMEN	lel sayedāt للسيدات
FÜR HERREN	lel regāl للرجال

Fragen

Wo?	feyn? فين؟
Wohin?	lefeyn? لفين؟
Woher?	men feyn? من فين؟
Warum?	leyh? ليه؟
Wozu?	le'ayī sabab? لأي سبب؟
Wann?	emta? إمتى؟
Wie lange?	leḥadd emta? لحد إمتى؟
Um wie viel Uhr?	fi ayī sā'a? في أي ساعة؟
Wie viel?	bekām? بكام؟
Haben Sie ...?	ya tara 'andak ...? يا ترى عندك ...؟
Wo befindet sich ...?	feyn ...? فين ...؟
Wie spät ist es?	el sā'a kām? الساعة كام؟
Darf ich telefonieren?	momken a'mel moqalma telefoniya? ممكن أعمل مكالمة تليفونية؟
Wer ist da?	meyn henāk? مين هناك؟
Darf ich hier rauchen?	momken addaxen hena? ممكن أدخن هنا؟
Darf ich ...?	momken ...? ممكن ...؟

Bedürfnisse

Ich hätte gerne …	aḥebb … أحب ...
Ich will nicht …	meʃ ʿāyiz … مش عايز ...
Ich habe Durst.	ana ʿaṭʃān أنا عطشان
Ich möchte schlafen.	ʿāyez anām عايز أنام

Ich möchte …	ʿāyez … عايز ...
abwaschen	atʃaṭṭaf أتشطف
mir die Zähne putzen	aɣsel senāny أغسل سناني
eine Weile ausruhen	artāḥ ʃwaya أرتاح شوية
meine Kleidung wechseln	aɣayar hodūmy أغير هدومي

zurück ins Hotel gehen	arga' lel fondoq أرجع للفندق
kaufen …	ʃerāʾ … شراء ...
gehen …	arūḥ le … أروح لـ...
besuchen …	azūr … أزور ...
treffen …	a'ābel … أقابل ...
einen Anruf tätigen	a'mel mokalma telefoniya أعمل مكالمة تليفونية

Ich bin müde.	ana ta'bān أنا تعبان
Wir sind müde.	eḥna ta'bānīn إحنا تعبانين
Mir ist kalt.	ana bardān أنا بردان
Mir ist heiß.	ana ḥarran أنا حران
Mir passt es.	ana kowayes أنا كويس

Ich muss telefonieren.

mehtāg a'mel mokalma telefoneya
محتاج أعمل مكالمة تليفونية

Ich muss auf die Toilette.

mehtāg arūh el hammam
محتاج أروح الحمام

Ich muss gehen.

lāzem amʃy
لازم أمشي

Ich muss jetzt gehen.

lāzem amʃy dellwa'ty
لازم أمشي دلوقتي

Wie man nach dem Weg fragt

Entschuldigen Sie bitte, ...	ba'd ezznak, ... ،بعد إذنك
Wo befindet sich ...?	feyn ...? ؟... فين
Welcher Weg ist ...?	meneyn ...? ؟... منين
Könnten Sie mir bitte helfen?	momken tesā'edny, men faḍlak? ممكن تساعدني، من فضلك؟

Ich suche ...	ana badawwar 'la ... ... أنا بادور على
Ich suche den Ausgang.	baddawwar 'la ṭarīq el ҳorūg بادور على طريق الخروج
Ich fahre nach ...	ana rāyeḥ le... ...أنا رايح لـ
Gehe ich richtig nach ...?	ana māʃy fel ṭarīq el ṣaḥḥ le ...? أنا ماشي في الطريق الصح لـ... ؟

Ist es weit?	howwa be'īd? هو بعيد؟
Kann ich dort zu Fuß hingehen?	momken awṣal ḥenāk māʃy? ممكن أوصل هناك ماشي؟
Können Sie es mir auf der Karte zeigen?	momken tewarrīny 'lal ҳarīṭa? ممكن توريني على الخريطة؟
Zeigen Sie mir wo wir gerade sind.	momken tewarrīny eḥna feyn dellwa'ty? ممكن توريني إحنا فين دلوقتي؟

Hier	hena هنا
Dort	henāk هناك
Hierher	men hena من هنا

Biegen Sie rechts ab.	oddҳol yemīn ادخل يمين
Biegen Sie links ab.	oddҳol ʃemal ادخل شمال
erste (zweite, dritte) Abzweigung	awwel (tāny, tālet) ʃāre' أول (تاني، تالت) شارع
nach rechts	'lal yemīn على اليمين

nach links

ʿlal ʃemal
على الشمال

Laufen Sie geradeaus.

ʿla ṭūl
على طول

Schilder

HERZLICH WILLKOMMEN!	marḥaba مرحبا
EINGANG	doχūl دخول
AUSGANG	χorūg خروج
DRÜCKEN	eddfa' إدفع
ZIEHEN	ess-ḥab إسحب
OFFEN	maftūḥ مفتوح
GESCHLOSSEN	moγlaq مغلق
FÜR DAMEN	lel sayedāt للسيدات
FÜR HERREN	lel regāl للرجال
HERREN-WC	el sāda السادة
DAMEN-WC	el sayedāt السيدات
RABATT | REDUZIERT	taχfīḍāt تخفيضات
AUSVERKAUF	okazyōn اوكازيون
GRATIS	maggānan مجانا
NEU!	gedīd! جديد!
ACHTUNG!	ennttabeh! إنتبه!
KEINE ZIMMER FREI	mafīʃ makān ما فيش مكان
RESERVIERT	maḥgūz محجوز
VERWALTUNG	el edāra الإدارة
NUR FÜR PERSONAL	lel 'āmelīn faqaṭ للعاملين فقط

BISSIGER HUND	ehhtaress men el kalb! إحترس من الكلب!
RAUCHEN VERBOTEN!	mammnū' el tadχīn! ممنوع التدخين!
NICHT ANFASSEN!	mammnū' el lammss! ممنوع اللمس!
GEFÄHRLICH	χaṭīr خطير
GEFAHR	χaṭar خطر
HOCHSPANNUNG	gohd 'āly جهد عالي
BADEN VERBOTEN	mammnū' el sebāḥa! ممنوع السباحة!

AUßER BETRIEB	'aṭṭlān عطلان
LEICHTENTZÜNDLICH	qābel lel eʃte'āl قابل للإشتعال
VERBOTEN	mammnū' ممنوع
DURCHGANG VERBOTEN	mammnū' el taχatty! ممنوع التخطي!
FRISCH GESTRICHEN	ṭalā' ḥadiis طلاء حديث

WEGEN RENOVIERUNG GESCHLOSSEN	moγlaq lel tagdedāt مغلق للتجديدات
ACHTUNG BAUARBEITEN	aʃγāl fel ṭarīq أشغال في الطريق
UMLEITUNG	monḥany منحنى

Transport - Allgemeine Phrasen

Flugzeug	tayāra طيارة
Zug	'attr قطر
Bus	otobiis اوتوبيس
Fähre	safīna سفينة
Taxi	taksi تاكسي
Auto	'arabiya عربية

Zeitplan	gadwal جدول
Wo kann ich den Zeitplan sehen?	a'dar aʃūf el gadwal feyn? أقدر أشوف الجدول فين؟
Arbeitstage	ayām el oṣṣbū' أيام الأسبوع
Wochenenden	nehāyet el osbū' نهاية الأسبوع
Ferien	el 'agazāt الأجازات

ABFLUG	el saffar السفر
ANKUNFT	el woṣūl الوصول
VERSPÄTET	mett'xara متأخرة
GESTRICHEN	molxā ملغاه

nächste (Zug, usw.)	el gayī الجاي
erste	el awwel الأول
letzte	el 'axīr الأخير

Wann kommt der Nächste ...?	emta el ... elly gayī? إمتى الـ ... إللي جاي؟
Wann kommt der Erste ...?	emta awwel ...? إمتى اول ...؟

Wann kommt der Letzte …?

emta 'āχer …?

إمتى آخر ...؟

Transfer

tabdīl

تبديل

einen Transfer machen

abaddel

أبدل

Muss ich einen Transfer machen?

hal ahtāg le tabdīl el…?

هل أحتاج لتبديل الـ...؟

Eine Fahrkarte kaufen

Wo kann ich Fahrkarten kaufen?	meneyn momken aʃtery tazāker? منين ممكن أشتري تذاكر؟
Fahrkarte	tazzkara تذكرة
Eine Fahrkarte kaufen	ʃerā' tazāker شراء تذاكر
Fahrkartenpreis	as'ār el tazāker أسعار التذاكر

Wohin?	lefeyn? لفين؟
Welche Station?	le'ayī mahatta? لأي محطة؟
Ich brauche ...	mehtāg ... محتاج ...
eine Fahrkarte	tazzkara wahda تذكرة واحدة
zwei Fahrkarten	tazzkarteyn تذكرتين
drei Fahrkarten	talat tazāker تلات تذاكر

in eine Richtung	zehāb faqatt ذهاب فقط
hin und zurück	zehāb we 'awda ذهاب وعودة
erste Klasse	daraga ūla درجة أولى
zweite Klasse	daraga tanya درجة ثانية

heute	el naharda النهاردة
morgen	bokra بكرة
übermorgen	ba'd bokra بعد بكرة
am Vormittag	el sobh الصبح
am Nachmittag	ba'd el zohr بعد الظهر
am Abend	bel leyl بالليل

Gangplatz	korsy mammar
	كرسي ممر
Fensterplatz	korsy ʃebbāk
	كرسي شباك
Wie viel?	bekām?
	بكام؟
Kann ich mit Karte zahlen?	momken addfaʿ be kart e'temān?
	ممكن أدفع بكارت إئتمان؟

Bus

Bus	el otobiis الأوتوبيس
Fernbus	otobiis beyn el moddon أوتوبيس بين المدن
Bushaltestelle	mahattet el otobiis محطة الأوتوبيس
Wo ist die nächste Bushaltestelle?	feyn aqrab mahattet otobiis? فين أقرب محطة أوتوبيس؟

Nummer	raqam رقم
Welchen Bus nehme ich um nach … zu kommen?	’āχod ayī otobiis le …? آخذ أي اوتوبيس لـ…؟
Fährt dieser Bus nach …?	el otobiis da beyrūh …? الأوتوبيس دة بيروح …؟
Wie oft fahren die Busse?	el otobiis beyīgi kol ’add eyh? الأوتوبيس بيجي كل قد إيه؟

alle fünfzehn Minuten	kol χamasstāſar daqīqa كل 15 دقيقة
jede halbe Stunde	kol noṣṣ sā‘a كل نص ساعة
jede Stunde	kol sā‘a كل ساعة
mehrmals täglich	kaza marra fel yome كذا مرة في اليوم
… Mal am Tag	… marrat fell yome … مرات في اليوم

Zeitplan	gadwal جدول
Wo kann ich den Zeitplan sehen?	a‘dar aſūf el gadwal feyn? أقدر أشوف الجدول فين؟
Wann kommt der nächste Bus?	emta el otobīss elly gayī? إمتى الأتوبيس إللي جاي؟
Wann kommt der erste Bus?	emta awwel otobiis? إمتى أول أوتوبيس؟
Wann kommt der letzte Bus?	emta ’āχer otobiis? إمتى آخر أوتوبيس؟

Halt	mahatta محطة
Nächster Halt	el mahatta el gaya المحطة الجاية

Letzter Halt

aχer maḥatta
آخر محطة (أخر الخط)

Halten Sie hier bitte an.

laww samaḥt, wa'eff hena
لو سمحت، وقف هنا

Entschuldigen Sie mich,
dies ist meine Haltestelle.

ba'd ezznak, di maḥaṭṭetti
بعد إذنك، دي محطتي

Zug

Zug	el 'attr القطر
S-Bahn	'attr el dawāhy قطر الضواحي
Fernzug	'attr el masāfāt el tawīla قطر المسافات الطويلة
Bahnhof	mahattet el 'attr محطة القطر
Entschuldigen Sie bitte, wo ist der Ausgang zum Bahngleis?	ba'd ezznak, meneyn el ṭarīq lel raṣīf بعد إذنك، منين الطريق للرصيف؟

Fährt dieser Zug nach …?	el 'attr da beyrūh …? القطر دة بيروح ...؟
nächste Zug	el 'attr el gayī? القطر الجاي؟
Wann kommt der nächste Zug?	emta el 'attr elly gayī? إمتى القطر إللي جاي؟
Wo kann ich den Zeitplan sehen?	a'dar aʃūf el gadwal feyn? أقدر أشوف الجدول فين؟
Von welchem Bahngleis?	men ayī raṣīf? من أي رصيف؟
Wann kommt der Zug in … an?	emta yewṣal el 'attr …? إمتى يوصل القطر ... ؟

Helfen Sie mir bitte.	argūk sā'dny أرجوك ساعدني
Ich suche meinen Platz.	baddawwar 'lal korsy betā'y بادور على الكرسي بتاعي
Wir suchen unsere Plätze.	ehna benndawwar 'la karāsy إحنا بندور على كراسي
Unser Platz ist besetzt.	el korsy betā'i maʃγūl الكرسي بتاعي مشغول
Unsere Plätze sind besetzt.	karaseyna maʃγūla كراسينا مشغولة

Entschuldigen Sie, aber das ist mein Platz.	'ann ezznak, el korsy da betā'y عن إذنك، الكرسي دة بتاعي
Ist der Platz frei?	el korsy da mahgūz? الكرسي دة محجوز؟
Darf ich mich hier setzen?	momken a"od hena? ممكن أقعد هنا؟

Im Zug - Dialog (Keine Fahrkarte)

Fahrkarte bitte.	tazāker men faḍlak تذاكر من فضلك
Ich habe keine Fahrkarte.	maʿandīʃ tazzkara ما عنديش تذكرة
Ich habe meine Fahrkarte verloren.	tazzkarty dāʿet تذكرتي ضاعت
Ich habe meine Fahrkarte zuhause vergessen.	nesīt tazkarty fel beyt نسيت تذكرتي في البيت
Sie können von mir eine Fahrkarte kaufen.	momken teʃtery menny tazkara ممكن تشتري مني تذكرة
Sie werden auch eine Strafe zahlen.	lāzem teddfaʿ ɣarāma kaman لازم تدفع غرامة كمان
Gut.	tamām تمام
Wohin fahren Sie?	enta rāyeḥ feyn? إنت رايح فين؟
Ich fahre nach …	ana rāyeḥ le... أنا رايح لـ...
Wie viel? Ich verstehe nicht.	bekām? ana meʃ fāhem بكام؟ أنا مش فاهم
Schreiben Sie es bitte auf.	ektebha laww samaḥt إكتبها لو سمحت
Gut. Kann ich mit Karte zahlen?	tamām. momken addfaʿ be kredit kard? تمام. ممكن أدفع بكريدت كارد؟
Ja, das können Sie.	aywā momken أيوة ممكن
Hier ist ihre Quittung.	ettfaḍḍal el īṣāl أتفضل الإيصال
Tut mir leid wegen der Strafe.	ʾāssef bexeṣūṣ el ɣarāma آسف بخصوص الغرامة
Das ist in Ordnung. Es ist meine Schuld.	mafīʃ moʃkela. di ɣalṭety ما فيش مشكلة. دي غلطتي
Genießen Sie Ihre Fahrt.	esstammteʿ be reḥlatek استمتع برحلتك

Taxi

Taxi	taksi تاكسي
Taxifahrer	sawwā' el taksi سواق التاكسي
Ein Taxi nehmen	'āχod taksi آخد تاكسي
Taxistand	maw'af taksi موقف تاكسي
Wo kann ich ein Taxi bekommen?	meneyn āχod taksi? منين آخد تاكسي؟
Ein Taxi rufen	an taṭṭlob taksi أن تطلب تاكسي
Ich brauche ein Taxi.	aḥtāg taksi أحتاج تاكسي
Jetzt sofort.	al'āan الآن
Wie ist Ihre Adresse? (Standort)	ma howa 'ennwānak? ما هو عنوانك؟
Meine Adresse ist ...	'ennwāny fi ... عنواني في ...
Ihr Ziel?	ettegāhak? إتجاهك؟

Entschuldigen Sie bitte, ...	ba'd ezznak, ... بعد إذنك، ...
Sind Sie frei?	enta fāḍy? إنت فاضي؟
Was kostet die Fahrt nach ...?	bekām arūḥ...? بكام أروح...؟
Wissen Sie wo es ist?	te'raf hiya feyn? تعرف هي فين؟

Flughafen, bitte.	el maṭār men faḍlak المطار من فضلك
Halten Sie hier bitte an.	wa'eff hena, laww samaḥt وقف هنا، لو سمحت
Das ist nicht hier.	meʃ hena مش هنا
Das ist die falsche Adresse.	da 'enwān ɣalat دة عنوان غلط
nach links	oddχol ʃemal ادخل شمال
nach rechts	oddχol yemīn ادخل يمين

Was schulde ich Ihnen?

'layī līk kām?
علي لك كام؟

Ich würde gerne
ein Quittung haben, bitte.

'āyez īṣāl men faḍlak.
عايز إيصال، من فضلك.

Stimmt so.

ẖally el bā'y
خلي الباقي

Warten Sie auf mich bitte

momken tesstannāny laww samaḥt?
ممكن تستناني لو سمحت؟

fünf Minuten

ẖamas daqā'eq
خمس دقائق

zehn Minuten

'aʃar daqā'eq
عشر دقائق

fünfzehn Minuten

rob' sā'a
ربع ساعة

zwanzig Minuten

telt sā'a
تلت ساعة

eine halbe Stunde

noṣṣ sā'a
نص ساعة

Hotel

Guten Tag.	ahlan أهلا
Mein Name ist …	essmy … إسمي …
Ich habe eine Reservierung.	ʻandy ḥaggz عندي حجز
Ich brauche …	mehtāg … محتاج …
ein Einzelzimmer	ɣorfa moffrada غرفة مفردة
ein Doppelzimmer	ɣorfa mozzdawwaga غرفة مزدوجة
Wie viel kostet das?	seʻraha kām? سعرها كام؟
Das ist ein bisschen teuer.	di ɣalya ʃewaya دي غالية شوية
Haben Sie sonst noch etwas?	ʻandak xayarāt tanya? عندك خيارات تانية؟
Ich nehme es.	haxod-ha ح أخدها
Ich zahle bar.	ḥaddfaʻ naqqdy ح أدفع نقدي
Ich habe ein Problem.	ana ʻandy moʃkela أنا عندي مشكلة
Mein … ist kaputt.	… maksūr …مكسور
Mein … ist außer Betrieb.	… ʻaṭlān /ʻaṭlāna/ /عطلان/عطلانة…
Fernseher	el televizyōn التليفزيون
Klimaanlage	el takyīf التكييف
Wasserhahn	el ḥanafiya (~ ʻaṭlāna) الحنفية
Dusche	el doʃ الدش
Waschbecken	el banyo البانيو
Safe	el xāzena (~ ʻaṭlāna) الخازنة

Türschloss	ʼeffl el bāb قفل الباب
Steckdose	maxrag el kahraba مخرج الكهربا
Föhn	mogaffef el ʃaʻr مجفف الشعر

Ich habe kein …	maʻandīʃ … ما عنديش …
Wasser	maya مية
Licht	nūr نور
Strom	kahraba كهربا

Können Sie mir … geben?	momken teddīny …? ممكن تديني …؟
ein Handtuch	fūta فوطة
eine Decke	baṭṭaneya بطانية
Hausschuhe	ʃebʃeb شبشب
einen Bademantel	robe روب
etwas Shampoo	ʃambū شامبو
etwas Seife	ṣabūn صابون

Ich möchte ein anderes Zimmer haben.	ahebb aɣayar el oḍa أحب أغير الأوضة
Ich kann meinen Schlüssel nicht finden.	meʃ lāʼy meftāḥy مش لاقي مفتاحي
Machen Sie bitte meine Tür auf	momken tefftaḥ oḍḍty men faḍlak? ممكن تفتح أوضتي من فضلك؟
Wer ist da?	meyn henāk? مين هناك؟
Kommen Sie rein!	ettfaḍḍal! إتفضل!
Einen Moment bitte!	daqīqa wāḥeda! دقيقة واحدة!
Nicht jetzt bitte.	meʃ dellwaʼty men faḍlak مش دلوقتي من فضلك

Kommen Sie bitte in mein Zimmer.	taʻāla oḍḍty laww samaḥt تعالى أوضتي لو سمحت
Ich würde gerne Essen bestellen.	ʼāyez talab men xeddmet el wagabāt عايز طلب من خدمة الوجبات
Meine Zimmernummer ist …	raqam oḍḍty howa … رقم أوضتي هو …

Ich reise … ab.	ana māʃy … أنا ماشي ...
Wir reisen … ab.	ehna maʃyīn … إحنا ماشيين ...
jetzt	dellwa'ty دلوقتي
diesen Nachmittag	ba'd el zohr بعد الظهر
heute Abend	el leyla di الليلة دي
morgen	bokra بكرة
morgen früh	bokra el sobh بكرة الصبح
morgen Abend	bokra bel leyl بكرة بالليل
übermorgen	ba'd bokra بعد بكرة

Ich möchte die Zimmerrechnung begleichen.	ahebb adfa' أحب أدفع
Alles war wunderbar.	kol ʃey' kan rā'e' كل شيء كان رائع
Wo kann ich ein Taxi bekommen?	feyn momken alā'y taksi? فين ممكن ألاقي تاكسي؟
Würden Sie bitte ein Taxi für mich holen?	momken tottlob lī taksi laww samaht? ممكن تطلب لي تاكسي لو سمحت؟

Restaurant

Könnte ich die Speisekarte sehen bitte?
momken aʃūf qā'ema el ṭa'ām men faḍlak?
ممكن أشوف قائمة الطعام من فضلك؟

Tisch für einen.
tarabeyza le ʃaxṣ wāḥed
ترابيزة لشخص واحد

Wir sind zu zweit (dritt, viert).
eḥna etneyn (talāta, arba'a)
إحنا اتنين (ثلاثة، أربعة)

Raucher
modaxenīn
مدخنين

Nichtraucher
ɣeyr moddaxenīn
غير مدخنين

Entschuldigen Sie mich!
(Einen Kellner ansprechen)
laww samaḥt
لو سمحت

Speisekarte
qā'emat el ṭa'ām
قائمة الطعام

Weinkarte
qā'emat el nebīz
قائمة النبيذ

Die Speisekarte bitte.
el qā'ema, laww samaḥt
القائمة، لو سمحت

Sind Sie bereit zum bestellen?
mossta'ed toṭlob?
مستعد تطلب؟

Was würden Sie gerne haben?
ḥatāxod eh?
ح تاخد إيه؟

Ich möchte …
ana ḥāxod …
أنا ح أخد ...

Ich bin Vegetarier.
ana nabāty
أنا نباتي

Fleisch
laḥma
لحم

Fisch
samakk
سمك

Gemüse
xoḍār
خضار

Haben Sie vegetarisches Essen?
'andak atbāq nabātiya?
عندك أطباق نباتية؟

Ich esse kein Schweinefleisch.
lā 'āakol el xanzīr
لا أكل الخنزير

Er /Sie/ isst kein Fleisch.
howwa /hiya/ la tākol el laḥm
هو/هي/ لا تأكل اللحم

Ich bin allergisch auf ...	'andy ḥasasseya men ... عندي حساسية من ...
Könnten Sie mir bitte ... Bringen.	momken tegīb lī ... ممكن تجيب لي...
Salz | Pfeffer | Zucker	melḥ | felfel | sokkar ملح ا فلفل ا سكر
Kaffee | Tee | Nachtisch	'ahwa | ʃāy | ḥelw قهوة ا شاي ا حلو
Wasser | Sprudel | stilles	meyāh | ɣaziya | 'adiya مياه ا غازية ا عادية
einen Löffel | eine Gabel | ein Messer	maʻlaʼa | ʃowka | sekkīna ملعقة ا شوكة ا سكينة
einen Teller | eine Serviette	ṭabaq | fūṭa طبق افوطة

Guten Appetit!	bel hana wel ʃefa بالهنا والشفا
Noch einen bitte.	waḥda kamān laww samaḥt واحدة كمان لو سمحت
Es war sehr lecker.	kanet lazīza geddan كانت لذيذة جدا

Scheck | Wechselgeld | Trinkgeld	ʃīk | fakka | baʼʃīʃ شيك افكة ابقشيش
Zahlen bitte.	momken el hesāb laww samaḥt? ممكن الحساب لو سمحت؟
Kann ich mit Karte zahlen?	momken addfaʻ ße kart eʼtemān? ممكن أدفع بكارت إئتمان؟
Entschuldigen Sie, hier ist ein Fehler.	ana ʼāssif, feyh ɣalṭa hena أنا آسف، في غلطة هنا

Einkaufen

Kann ich Ihnen behilflich sein?	momken asaʿdak? ممكن أساعدك؟
Haben Sie ...?	ya tara ʿandak ...? يا ترى عندك ...؟
Ich suche ...	ana badawwar ʿla ... أنا بادور على ...
Ich brauche ...	meḥtāg ... محتاج ...

Ich möchte nur schauen.	ana baṭfarrag أنا بأتفرج
Wir möchten nur schauen.	eḥna benettfarrag إحنا بنتفرج
Ich komme später noch einmal zurück.	ḥāgy baʿdeyn ح أجي بعدين
Wir kommen später vorbei.	ḥaneygy baʿdeyn ح نيجي بعدين
Rabatt	Ausverkauf	taxfīdāt	okazyōn تخفيضات	الوكازيون

Zeigen Sie mir bitte ...	momken tewarrīny ... laww samaḥt? ممكن توريني ... لو سمحت؟
Geben Sie mir bitte ...	momken teddīny ... laww samaḥt ممكن تديني ... لو سمحت
Kann ich es anprobieren?	momken aʾīs? ممكن أقيس؟
Entschuldigen Sie bitte, wo ist die Anprobe?	laww samaḥt, feyn el brova? لو سمحت، فين البروفا؟
Welche Farbe mögen Sie?	ʿāyez ayī lone? عايز أي لون؟
Größe	Länge	maqās	ṭūl مقاس	طول
Wie sitzt es?	ya tara el maqās maẓbūṭ? يا ترى المقاس مضبوظ؟

Was kostet das?	bekām? بكام؟
Das ist zu teuer.	da ɣāly geddan دة غالي جدا
Ich nehme es.	ḥaʃtereyh ح أشتريه
Entschuldigen Sie bitte, wo ist die Kasse?	baʿd ezznak, addfaʿ feyn laww samaḥt? بعد إذنك، أدفع فين لو سمحت؟

Zahlen Sie Bar oder mit Karte?	ḥateddfaʿ naqqdan walla be kart eʾtemān? ح تدفع نقدا ولا بكارت إئتمان؟
in Bar | mit Karte	naqdan | be kart eʾtemān نقدا ا بكارت إئتمان
Brauchen Sie die Quittung?	ʿāyez īṣāl? عايز إيصال؟
Ja, bitte.	aywā, men faḍlak أيوة، من فضلك
Nein, es ist ok.	lā, mafīʃ moʃkela لا، ما فيش مشكلة
Danke. Einen schönen Tag noch!	ʃokran. yome saʿīd شكرا. يوم سعيد

In der Stadt

Entschuldigen Sie bitte, ...	ba'd ezznak, laww samaḥt بعد إذنك، لو سمحت
Ich suche ...	ana badawwar 'la ... أنا بادور على ...
die U-Bahn	metro el anfā' مترو الأنفاق
mein Hotel	el fondo' betā'i الفندق بتاعي
das Kino	el sinema السينما
den Taxistand	maw'af taksi موقف تاكسي

einen Geldautomat	makīnet ṣarraf 'āaly ماكينة صراف آلي
eine Wechselstube	maktab ṣarrafa مكتب صرافة
ein Internetcafé	maqha internet مقهى انترنت
die ... -Straße	ʃāre'... ... شارع
diesen Ort	el makān da المكان دة

Wissen Sie, wo ... ist?	hal te'raf feyn ...? هل تعرف فين ...؟
Wie heißt diese Straße?	essmu eyh el ʃāre' da? اسمه إيه الشارع دة؟
Zeigen Sie mir wo wir gerade sind.	momken tewarrīny eḥna feyn dellwa'ty? ممكن توريني إحنا فين دلوقتي؟
Kann ich dort zu Fuß hingehen?	momken awṣal ḥenāk māʃy? ممكن أوصل هناك ماشي؟
Haben Sie einen Stadtplan?	'andak xarīṭa lel madīna? عندك خريطة للمدينة؟

Was kostet eine Eintrittskarte?	bekām tazkaret el doxūl? بكام تذكرة الدخول؟
Darf man hier fotografieren?	momken aṣṣawwar hena? ممكن أصور هنا؟
Haben Sie offen?	entom fatt-ḥīn? إنتم فاتحين؟

Wann öffnen Sie?

emta betefftaḥu?

إمتى بتفتحوا؟

Wann schließen Sie?

emta bete'ffelu?

إمتى بتقفلوا؟

Geld

Geld	folūss فلوس
Bargeld	naqdy نقدي
Papiergeld	folūss waraqiya فلوس ورقية
Kleingeld	fakka فكة
Scheck | Wechselgeld | Trinkgeld	ʃik | fakka | baʾʃiʃ شيك افكة ابقشيش

Kreditkarte	kart eʾtemān كارت إئتمان
Geldbeutel	maḥfaza محفظة
kaufen	ʃerāʾ شراء
zahlen	dafʿ دفع
Strafe	yarāma غرامة
kostenlos	maggānan مجانا

Wo kann ich ... kaufen?	feyn momken aʃtery ...? فين ممكن أشتري ...؟
Ist die Bank jetzt offen?	hal el bank fāteḥ dellwaʾty هل البنك فاتح دلوقتي؟
Wann öffnet sie?	emta betefftaḥ? إمتى بيفتح؟
Wann schließt sie?	emta beyeʾffel? إمتى بيقفل؟

Wie viel?	bekām? بكام؟
Was kostet das?	bekām da? بكام دة؟
Das ist zu teuer.	da ɣāly geddan دة غالي جدا

Entschuldigen Sie bitte, wo ist die Kasse?	baʿd ezznak, addfaʿ feyn laww samaḥt? بعد إذنك، أدفع فين لو سمحت؟
Ich möchte zahlen.	el ḥesāb men faḍlak الحساب من فضلك

Kann ich mit Karte zahlen?	momken addfa' þe kart e'temān? ممكن أدفع بكارت إئتمان؟
Gibt es hier einen Geldautomat?	feyh hena makīnet ṣarraf 'āaly? فيه هنا ماكينة صراف آلي؟
Ich brauche einen Geldautomat.	baddawwar 'la makīnet ṣarraf 'ālly بادور على ماكينة صراف آلي

Ich suche eine Wechselstube.	baddawwar 'la maktab ṣarrāfa بادور على مكتب صرافة
Ich möchte … wechseln.	'āyez aɣayar … عايز أغير …
Was ist der Wechselkurs?	se'r el 'omla kām? سعر العملة كام؟
Brauchen Sie meinen Reisepass?	enta meḥtāg gawāz safary? إنت محتاج جواز سفري؟

Zeit

Wie spät ist es?	el sāʿa kām? الساعة كام؟
Wann?	emta? إمتى؟
Um wie viel Uhr?	fi ayī sāʿa? في أي ساعة؟
jetzt	später	nach …	dellwaʾty	baʿdeyn	baʿd … دلوقتي ا بعدين ا بعد ...

ein Uhr	el sāʿa waḥda الساعة واحدة
Viertel zwei	el sāʿa waḥda we robʿ الساعة واحدة وربع
Ein Uhr dreißig	el sāʿa waḥda we noṣṣ الساعة واحدة ونص
Viertel vor zwei	el sāʿa etneyn ellā robʿ الساعة إتنين إلا ربع

eins	zwei	drei	waḥda	etneyn	talāta واحدة الاتنين اتلاتة
vier	fünf	sechs	arbaʿa	xamsa	setta أربعة خمسة اا ستة
sieben	acht	neun	sabbʿa	tamanya	tessʿa سبعة ا تمانية اتسعة
zehn	elf	zwölf	ʿaʃra	hedāʃar	etnāʃar عشرة ا حداشر ا اتناشر

in …	fi … في ...
fünf Minuten	xamas daqāʾeq خمس دقائق
zehn Minuten	ʿaʃar daqāʾeq عشر دقائق
fünfzehn Minuten	robʿ sāʿa ربع ساعة
zwanzig Minuten	telt sāʿa تلت ساعة
einer halben Stunde	noṣṣ sāʿa نص ساعة
einer Stunde	sāʿa ساعة

am Vormittag	el sobḥ الصبح
früh am Morgen	el sobḥ badri الصبح بدري
diesen Morgen	el naharda el ṣobḥ النهاردة الصبح
morgen früh	bokra el ṣobḥ بكرة الصبح
am Mittag	fi noṣṣ el yome في نص اليوم
am Nachmittag	ba'd el ẓohr بعد الظهر
am Abend	bel leyl بالليل
heute Abend	el leyla di الليلة دي
in der Nacht	bel leyl بالليل
gestern	emmbāreḥ إمبارح
heute	el naharda النهاردة
morgen	bokra بكرة
übermorgen	ba'd bokra بعد بكرة
Welcher Tag ist heute?	el naharda eyh fel ayām? النهاردة إيه في الأيام؟
Es ist …	el naharda … النهاردة ...
Montag	el etneyn الإتنين
Dienstag	el talāt التلات
Mittwoch	el 'arba' الأربع
Donnerstag	el ẖamīs الخميس
Freitag	el gumu'ā الجمعة
Samstag	el sabt السبت
Sonntag	el hadd الحد

Begrüßungen und Vorstellungen

Hallo. — ahlan
أهلا

Freut mich, Sie kennen zu lernen. — saʿīd be leqāʾak
سعيد بلقائك

Ganz meinerseits. — ana aṣsʿad
أنا أسعد

Darf ich vorstellen? Das ist ... — aʿarrafak be ...
أعرفك بـ ...

Sehr angenehm. — forṣa saʿīda
فرصة سعيدة

Wie geht es Ihnen? — ezzayak?
إزيك؟

Ich heiße ... — esmy ...
أسمي ...

Er heißt ... — essmu ...
إسمه ...

Sie heißt ... — essmaha ...
إسمها ...

Wie heißen Sie? — essmak eyh?
إسمك إيه؟

Wie heißt er? — essmu eyh?
إسمه إيه؟

Wie heißt sie? — essmaha eyh?
إسمها إيه؟

Wie ist Ihr Nachname? — essm ʿāʾeltak eyh?
إسم عائلتك إيه؟

Sie können mich ... nennen. — teʾddar tenadīny be...
تقدر تناديني بـ...

Woher kommen Sie? — enta meneyn?
إنت منين؟

Ich komme aus ... — ana men ...
أنا من ...

Was machen Sie beruflich? — beteʃtaɣal eh?
بتشتغل إيه؟

Wer ist das? — meyn da
مين دة

Wer ist er? — meyn howwa?
مين هو؟

Wer ist sie? — meyn hiya?
مين هي؟

Wer sind sie? — meyn homm?
مين هم؟

Das ist …	da yeb'ā … دة يبقى …
mein Freund	ṣadīqy صديقي
meine Freundin	ṣadīqaty صديقتي
mein Mann	gouzy جوزي
meine Frau	merāty مراتي

mein Vater	waldy والدي
meine Mutter	waldety والدتي
mein Bruder	aҳūya أخويا
mein Sohn	ebny إبني
meine Tochter	bennty بنتي

Das ist unser Sohn.	da ebnena دة إبننا
Das ist unsere Tochter.	di benntena دي بنتنا
Das sind meine Kinder.	dole awwlādy دول أولادي
Das sind unsere Kinder.	dole awwladna دول أولادنا

Verabschiedungen

Auf Wiedersehen!	ella alliqā'
	إلى اللقاء
Tschüss!	salām
	سلام
Bis morgen.	aʃūfak boҟra
	أشوفك بكرة
Bis bald.	aʃūfak orayeb
	أشوفك قريب
Bis um sieben.	aʃūfak el sā'a sab'a
	أشوفك الساعة سبعة

Viel Spaß!	esstammte'!
	إستمتع!
Wir sprechen später.	netkallem ba'deyn
	نتكلم بعدين
Ich wünsche Ihnen ein schönes Wochenende.	'ottlet osbū' sa'īda
	عطلة أسبوع سعيدة
Gute Nacht.	teṣṣbaḥ 'la ҟeyr
	تصبح على خير

Es ist Zeit, dass ich gehe.	gā' waqt el zehāb
	جاء وقت الذهاب
Ich muss gehen.	lāzem amʃy
	لازم أمشي
Ich bin gleich wieder da.	ḥarga' 'la ṭūl
	ح أرجع على طول

Es ist schon spät.	el waqt mett'aҟar
	الوقت متأخر
Ich muss früh aufstehen.	lāzem aṣṣ-ha badry
	لازم أصحى بدري
Ich reise morgen ab.	ana māʃy boҟra
	أنا ماشي بكرة
Wir reisen morgen ab.	ehḥna maʃyīn boҟra
	إحنا ماشيين بكرة

Ich wünsche Ihnen eine gute Reise!	reḥla sa'īda!
	رحلة سعيدة!
Hat mich gefreut, Sie kennen zu lernen.	forṣa sa'īda
	فرصة سعيدة
Hat mich gefreut mit Ihnen zu sprechen.	sa'eddt bel kalām ma'ak
	سعدت بالكلام معك
Danke für alles.	ʃokran 'la koll ʃey'
	شكرا على كل شيء

Ich hatte eine sehr gute Zeit.	ana qaḍḍayt waqt saʿīd
	أنا قضيت وقت سعيد
Wir hatten eine sehr gute Zeit.	ehna 'aḍḍeyna wa't saʿīd
	إحنا قضينا وقت سعيد
Es war wirklich toll.	kan bel feʾl rāʾeʿ
	كان بالفعل رائع
Ich werde Sie vermissen.	ḥatewwḥaʃīny
	ح توحشني
Wir werden Sie vermissen.	ḥatewwḥaʃna
	ح توحشنا

Viel Glück!	ḥazz saʿīd!
	حظ سعيد!
Grüßen Sie …	taḥīāty le…
	تمياتي لـ....

Fremdsprache

Ich verstehe nicht.	ana meʃ fāhem أنا مش فاهم
Schreiben Sie es bitte auf.	ektebha laww samaḥt إكتبها لو سمحت
Sprechen Sie ...?	enta betettkalem ...? انت بتتكلم ...؟

Ich spreche ein bisschen ...	ana battkallem ʃewaya ... أنا بأتكلم شوية ...
Englisch	engilīzy أنجليزي
Türkisch	torky تركي
Arabisch	ʿaraby عربي
Französisch	faransāwy فرنساوي

Deutsch	almāny ألماني
Italienisch	iṭāly إيطالي
Spanisch	asbāny أسباني
Portugiesisch	bortoɣāly برتغالي
Chinesisch	ṣīny صيني
Japanisch	yabāny ياباني

Können Sie das bitte wiederholen.	momken teʿīd el kalām men faḍlak? ممكن تعيد الكلام من فضلك؟
Ich verstehe.	ana fāhem انا فاهم
Ich verstehe nicht.	ana meʃ fāhem انا مش فاهم
Sprechen Sie etwas langsamer.	momken tetkallem abṭaʾ laww samaḥt? ممكن تتكلم ابطأ لو سمحت؟

Ist das richtig?	keda ṣaḥḥ? كدة صح؟
Was ist das? (Was bedeutet das?)	eh da? إيه دة؟

Entschuldigungen

Entschuldigen Sie bitte.	ba'd ezznak, laww samaḥt بعد إذنك، لو سمحت
Es tut mir leid.	ana 'āṣṣif أنا آسف
Es tut mir sehr leid.	ana 'āṣṣif beggad أنا آسف بجد
Es tut mir leid, das ist meine Schuld.	ana 'āṣṣif, di ɣalṭeti أنا آسف، دي غلطتي
Das ist mein Fehler.	ɣalṭety غلطتي

Darf ich ...?	momken ...? ممكن ...؟
Haben Sie etwas dagegen, wenn ich ...?	teddāyi' laww ...? تتضايق لو ...؟
Es ist okay.	mafīʃ moʃkela ما فيش مشكلة
Alles in Ordnung.	kollo tamām كله تمام
Machen Sie sich keine Sorgen.	mate'la'ʃ ما تقلقش

Einigung

Ja.	aywā أيوة
Ja, natürlich.	aywa, akīd ايوة، أكيد
Ok! (Gut!)	tamām تمام
Sehr gut.	kowayīs geddan كويس جدا
Natürlich!	bekol ta'kīd! بكل تأكيد!
Genau.	mewāfe' موافق
Das stimmt.	da ṣaḥīḥ دة صحيح
Das ist richtig.	da ṣaḥḥ دة صح
Sie haben Recht.	kalāmak ṣaḥḥ كلامك صح
Ich habe nichts dagegen.	ma'andīj māne' ما عنديش مانع
Völlig richtig.	ṣaḥḥ tamāman صح تماماً
Das kann sein.	momken ممكن
Das ist eine gute Idee.	di fekra kewayīsa دي فكرة كويسة
Ich kann es nicht ablehnen.	ma'darʃ a'ūl la' ما أقدرش أقول لأ
Ich würde mich freuen.	bekol sorūr حكون سعيد
Gerne.	bekol sorūr بكل سرور

Ablehnung. Äußerung von Zweifel

Nein.	la'a لا
Natürlich nicht.	akīd la' أكيد لأ
Ich stimme nicht zu.	meʃ mewāfe' مش موافق
Das glaube ich nicht.	ma 'azzonneʃ keda ما أظنش كدة
Das ist falsch.	da meʃ saḥīḥ دة مش صحيح

Sie liegen falsch.	enta ɣaltān إنت غلطان
Ich glaube, Sie haben Unrecht.	azonn ennak ɣaltān أظن إنك غلطان
Ich bin nicht sicher.	meʃ akīd مش أكيد
Das ist unmöglich.	da mos-taḥīl دة مستحيل
Nichts dergleichen!	mafīʃ ḥāga keda! ما فيش حاجة كدة!

Im Gegenteil!	el 'akss tamāman العكس تماما
Ich bin dagegen.	ana dedd da أنا ضد دة
Es ist mir egal.	ma yehemmenīʃ ما يهمنيش
Keine Ahnung.	ma'andīʃ fekra ما عنديش فكرة
Ich bezweifle, dass es so ist.	aʃokk fe da أشك في دة

Es tut mir leid, ich kann nicht.	'āssef ma 'qdarʃ آسف، ما أقدرش
Es tut mir leid, ich möchte nicht.	'āssef meʃ 'ayez آسف، مش عايز

Danke, das brauche ich nicht.	ʃokran, bass ana meʃ meḥtāg loh شكرا، بس أنا مش محتاج له
Es ist schon spät.	el waqt mett'aχar الوقت متأخر

Ich muss früh aufstehen.

lāzem aṣṣ-ḥa badry

لازم أصحى بدري

Mir geht es schlecht.

ana taʻbān

أنا تعبان

Dankbarkeit ausdrücken

Danke.	ʃokran شكراً
Dankeschön.	ʃokran gazīlan شكراً جزيلاً
Ich bin Ihnen sehr verbunden.	ana ha'i'i me'addar da أنا حقيقي مقدر دة
Ich bin Ihnen sehr dankbar.	ana mommtann līk geddan أنا ممتن لك جداً
Wir sind Ihnen sehr dankbar.	ehna mommtannīn līk geddan إحنا ممتنين لك جداً

Danke, dass Sie Ihre Zeit geopfert haben.	ʃokran 'la wa'tak شكراً على وقتك
Danke für alles.	ʃokran 'la koll ʃey' شكراً على كل شيء
Danke für …	ʃokran 'la … شكراً على ...
Ihre Hilfe	mosa'detak مساعدتك
die schöne Zeit	el waqt الوقت اللطيف

das wunderbare Essen	wagba rā'e'a وجبة رائعة
den angenehmen Abend	amsiya mummte'a أمسية ممتعة
den wunderschönen Tag	yome rā'e' يوم رائع
die interessante Führung	rehla mod-heʃa رحلة مدهشة

Keine Ursache.	lā ʃokr 'la wāgeb لا شكر على واجب
Nichts zu danken.	el 'afw العفو
Immer gerne.	ayī waqt أي وقت
Es freut mich, geholfen zu haben.	bekol sorūr بكل سرور
Vergessen Sie es.	ennsa إنسى
Machen Sie sich keine Sorgen.	mate'la'ʃ ما تقلقش

Glückwünsche. Beste Wünsche

Glückwunsch!	ohanṇīk!
	أهنيك!
Alles gute zum Geburtstag!	ʿīd milād saʿīd!
	عيد ميلاد سعيد!
Frohe Weihnachten!	ʿīd milād saʿīd!
	عيد ميلاد سعيد!
Frohes neues Jahr!	sana gedīda saʿīda!
	سنة جديدة سعيدة!

Frohe Ostern!	ʃamm nessīm saʿīd!
	شم نسيم سعيد!
Frohes Hanukkah!	hanūka saʿīda!
	هانوكا سعيدة!

Ich möchte einen Toast ausbringen.	aḥebb aqtareḥ neʃrab naχab
	أحب أقترح نشرب نخب
Auf Ihr Wohl!	fi seḥḥettak
	في صحتك
Trinken wir auf …!	yalla neʃrab fe …!
	ياللا نشرب في …!
Auf unseren Erfolg!	nagāḥna
	نجاحنا
Auf Ihren Erfolg!	nagāḥak
	نجاحك

Viel Glück!	ḥazz saʿīd!
	حظ سعيد!
Einen schönen Tag noch!	nahārak saʿīd!
	نهارك سعيد!
Haben Sie einen guten Urlaub!	agāza ṭayeba!
	أجازة طيبة!
Haben Sie eine sichere Reise!	trūḥ bel salāma!
	تروح بالسلامة!
Ich hoffe es geht Ihnen bald besser!	atmanna ennak tataʿāfa besorʿa!
	أتمنى إنك تتعافى بسرعة!

Sozialisieren

Warum sind Sie traurig?	enta leyh za'lān? إنت ليه زعلان؟
Lächeln Sie!	ebbtassem! farrfeʃ! إبتسم! فرفش!
Sind Sie heute Abend frei?	enta fādy el leyla di? إنت فاضي الليلة دي؟

Darf ich Ihnen was zum Trinken anbieten?	momken aʿzemak ʿla maʃrūb? ممكن أعزمك على مشروب؟
Möchten Sie tanzen?	teḥebb torr'oṣṣ? تحب ترقص؟
Gehen wir ins Kino.	yalla nerūḥ el sinema ياللا نروح السينما

Darf ich Sie ins … einladen?	momken aʿzemak ʿla …? ممكن أعزمك على ...؟
Restaurant	matt'am مطعم
Kino	el sinema السينما
Theater	el masraḥ المسرح
auf einen Spaziergang	tamʃeya تمشية

Um wie viel Uhr?	fi ayī sāʿa? في أي ساعة؟
heute Abend	el leyla di الليلة دي
um sechs Uhr	el sāʿa setta الساعة ستة
um sieben Uhr	el sāʿa sab'a الساعة سبعة
um acht Uhr	el sāʿa tamanya الساعة تمانية
um neun Uhr	el sāʿa tess'a الساعة تسعة

Gefällt es Ihnen hier?	ya tara ʿagbak el makān? يا ترى عاجبك المكان؟
Sind Sie hier mit jemandem?	enta hena ma' ḥadd? إنت هنا مع حد؟
Ich bin mit meinem Freund /meiner Freundin/.	ana ma' ṣadīq أنا مع صديق

Ich bin mit meinen Freunden.	ana maʿ aṣṣdiqāʾ
	أنا مع أصدقاء
Nein, ich bin alleine.	lā, ana waḥḥdy
	لا، أنا وحدي

Hast du einen Freund?	hal ʿandak ṣadīq?
	هل عندك صديق؟
Ich habe einen Freund.	ana ʿandy ṣadīq
	أنا عندي صديق
Hast du eine Freundin?	hal ʿandak ṣadīqa?
	هل عندك صديقة؟
Ich habe eine Freundin.	ana ʿandy ṣadīqa
	أنا عندي صديقة

Kann ich dich nochmals sehen?	aʿdar aʃūfak tāny?
	أقدر أشوفك تاني؟
Kann ich dich anrufen?	aʿdar atteṣel bīk?
	أقدر أتصل بك؟
Ruf mich an.	ettaṣṣel bī
	إتصل بي
Was ist deine Nummer?	eh raqamek?
	إيه رقمك؟
Ich vermisse dich.	waḥaʃtīny
	وحشتني

Sie haben einen schönen Namen.	essmek gamīl
	إسمك جميل
Ich liebe dich.	oḥebbek
	أحبك
Willst du mich heiraten?	tettgawwezīny?
	تتجوزيني؟
Sie machen Scherze!	enta bett-hazzar!
	إنت بتهزر!
Ich habe nur gescherzt.	ana bahazzar bas
	أنا باهزر بس

Ist das Ihr Ernst?	enta bettettkallem gad?
	إنت بتتكلم جد؟
Das ist mein Ernst.	ana gād
	أنا جاد
Echt?!	ṣaḥīḥ?
	صحيح؟
Das ist unglaublich!	meʃ maʿʿūl!
	مش معقول!
Ich glaube Ihnen nicht.	ana meʃ meṣṣadʿāk
	أنا مش مصدقاك
Ich kann nicht.	maʿdarʃ
	ما أقدرش
Ich weiß nicht.	maʿrafʃ
	ما أعرفش
Ich verstehe Sie nicht.	meʃ fahmāk
	مش فاهماك

Bitte gehen Sie weg.	men faḍlak temʃy
	من فضلك تمشي
Lassen Sie mich in Ruhe!	sebbny lewaḥḥdy!
	سيبني لوحدي!

Ich kann ihn nicht ausstehen.	ana lā aṭīqo
	أنا لا أطيقه
Sie sind widerlich!	enta mo'reff
	إنت مقرف
Ich rufe die Polizei an!	ḥaṭṭlob el ʃorta
	ح أطلب الشرطة

Gemeinsame Eindrücke. Emotionen

Das gefällt mir.	ye'gebny
	يعجبني
Sehr nett.	latīf geddan
	لطيف جدا
Das ist toll!	da rā'e'
	دة رائع
Das ist nicht schlecht.	da meʃ saye'
	دة مش سيء
Das gefällt mir nicht.	meʃ 'agebny
	مش عاجبني
Das ist nicht gut.	meʃ kowayīs
	مش كويس
Das ist schlecht.	da saye'
	دة سيء
Das ist sehr schlecht.	da saye' geddan
	دة سيء جدا
Das ist widerlich.	da mo'rreff
	دة مقرف
Ich bin glücklich.	ana saʿīd
	أنا سعيد
Ich bin zufrieden.	ana mabsūt
	أنا مبسوط
Ich bin verliebt.	ana bahebb
	أنا باحب
Ich bin ruhig.	ana hādy
	أنا هادي
Ich bin gelangweilt.	ana zah'ān
	أنا زهقان
Ich bin müde.	ana ta'bān
	أنا تعبان
Ich bin traurig.	ana hazīn
	أنا حزين
Ich habe Angst.	ana χāyef
	أنا خايف
Ich bin wütend.	ana γadbān
	أنا غضبان
Ich mache mir Sorgen.	ana qalqān
	أنا قلقان
Ich bin nervös.	ana mutawwater
	أنا متوتر

Ich bin eifersüchtig.	ana ɣayrān
	أنا غيران
Ich bin überrascht .	ana mutafāge'
	أنا متفاجئ
Es ist mir peinlich.	ana morrtabek
	أنا مرتبك

Probleme. Unfälle

Ich habe ein Problem.	ana 'andy moʃkela أنا عندي مشكلة
Wir haben Probleme.	ehna 'andena moʃkela إحنا عندنا مشكلة
Ich bin verloren.	ana tãʒeh أنا تايه
Ich habe den letzten Bus (Zug) verpasst.	fãtny 'ãaxer otobiis فاتني آخر أوتوبيس
Ich habe kein Geld mehr.	meʃ fãdel ma'aya flũss مش فاضل معايا فلوس

Ich habe mein ... verloren.	ḍã' menny ... betã'y ضاع مني ... بتاعي
Jemand hat mein ... gestohlen.	ḥadd sara' ... betã'y حد سرق ... بتاعي
Reisepass	bassbore باسبور
Geldbeutel	maḥfaza محفظة
Papiere	awwarã' أوراق
Fahrkarte	tazzkara تذكرة
Geld	folũss فلوس
Tasche	ʃannta شنطة
Kamera	kamera كاميرا
Laptop	lab tob لاب توب
Tabletcomputer	tablet تابلت
Handy	telefon maḥmũl تليفون محمول

Hilfe!	sã'dny! ساعدني!
Was ist passiert?	eh elly ḥaṣal? إيه إللي حصل؟
Feuer	harĩqa حريقة
Schießerei	ḍarrb nãr ضرب نار

Mord	qattl قتل
Explosion	ennfegār إنفجار
Schlägerei	xenā'a خناقة

Rufen Sie die Polizei!	ettaṣel bel ʃorṭa! اتصل بالشرطة!
Beeilen Sie sich!	besor'a men faḍlak! بسرعة من فضلك!
Ich suche nach einer Polizeistation.	baddawwar 'la qessm el ʃorṭa بادور على قسم الشرطة
Ich muss einen Anruf tätigen.	mehtāg a'mel mokalma telefoneya محتاج أعمل مكالمة تليفونية
Kann ich Ihr Telefon benutzen?	momken asstaxdem telefonak? ممكن أستخدم تليفونك؟

Ich wurde …	ana kont … أنا كنت …
ausgeraubt	ettnaʃalt اتنشلت
überfallen	ettsaraqt اتسرقت
vergewaltigt	oɣtiṣabt اغتصبت
angegriffen	ta'arraḍt le e'tedā' تعرضت لإعتداء

Ist bei Ihnen alles in Ordnung?	enta bexeyr? إنت بخير؟
Haben Sie gesehen wer es war?	ya tara ʃoft meyn? يا ترى شفت مين؟
Sind Sie in der Lage die Person wiederzuerkennen?	te'ddar tett'arraf 'la el ʃaxṣ da? تقدر تتعرف على الشخص دة؟
Sind sie sicher?	enta muta'kked? إنت متأكد؟

Beruhigen Sie sich bitte!	argūk ehḍa أرجوك إهدا
Ruhig!	hawwen 'aleyk! هون عليك!
Machen Sie sich keine Sorgen	mate'la'ʃ! ما تقلقش!
Alles wird gut.	kol ʃey' haykūn tamām كل شيء ح يكون تمام
Alles ist in Ordnung.	kol ʃey' tamām كل شيء تمام
Kommen Sie bitte her.	ta'āla hena laww samaḥt تعالى هنا لو سمحت
Ich habe einige Fragen für Sie.	'andy līk as'ela عندي لك أسئلة

Warten Sie einen Moment bitte.

esstanna laḥza men faḍlak

إستنى لحظة من فضلك

Haben Sie einen Identifikationsnachweis?

'andak raqam qawwmy

عندك رقم قومي

Danke. Sie können nun gehen.

ʃokran. momken temʃy dellwa'ty

شكرا. ممكن تمشي دلوقتي

Hände hinter dem Kopf!

eydeyk wara rāsak!

إيديك ورا راسك!

Sie sind verhaftet!

enta maqbūḍ 'aleyk!

إنت مقبوض عليك!

Gesundheitsprobleme

Helfen Sie mir bitte.	argūk sā'dny أرجوك ساعدني
Mir ist schlecht.	ana ta'bān أنا تعبان
Meinem Ehemann ist schlecht.	gouzy ta'bān جوزي تعبان
Mein Sohn ...	ebny ... إبني ...
Mein Vater ...	waldy ... والدي ...

Meine Frau fühlt sich nicht gut.	merāty ta'bāna مراتي تعابة
Meine Tochter ...	bennty ... بنتي ...
Meine Mutter ...	waldety ... والدتي ...

Ich habe ... schmerzen.	ana 'andy ... أنا عندي ...
Kopf-	ṣodā' صداع
Hals-	eḥtiqān fel zore إحتقان في الزور
Bauch-	mayaṣṣ مغص
Zahn-	alam asnān ألم أسنان

Mir ist schwindelig.	ʃā'er be dawār شاعر بدوار
Er hat Fieber.	'andak homma عنده حمي
Sie hat Fieber.	'andaha homma عندها حمي
Ich kann nicht atmen.	meʃ 'āder attnaffess مش قادر أتنفس

Ich kriege keine Luft.	meʃ 'āder attnaffess مش قادر أتنفس
Ich bin Asthmatiker.	ana 'andy azzma أنا عندي أزمة
Ich bin Diabetiker /Diabetikerin/	ana 'andy el sokkar أنا عندي السكر

Ich habe Schlaflosigkeit.	meʃ 'āder anām
	مش قادر أنام
Lebensmittelvergiftung	tassammom ɣezā'y
	تسمم غذائي

Es tut hier weh.	betewwgaʿ hena
	بتوجع هنا
Hilfe!	sāʿedny!
	ساعدني!
Ich bin hier!	ana ḥena!
	أنا هنا!
Wir sind hier!	eḥna hena!
	إحنا هنا!
Bringen Sie mich hier raus!	χarragūny men hena
	خرجوني من هنا
Ich brauche einen Arzt.	ana meḥtāg ṭabīb
	أنا محتاج طبيب
Ich kann mich nicht bewegen.	meʃ 'āder at-ḥarrak
	مش قادر أتحرك
Ich kann meine Beine nicht bewegen.	meʃ 'āder aḥarrak reglaya
	مش قادر أحرك رجلية

Ich habe eine Wunde.	ʿandy garrḥḥ
	عندي جرح
Ist es ernst?	da beggad?
	دة بجد؟
Meine Dokumente sind in meiner Hosentasche.	awwrā'y fi geyby
	أوراقي في جيبي
Beruhigen Sie sich!	ehhda'!
	إهدا!
Kann ich Ihr Telefon benutzen?	momken asstaχdem telefonak?
	ممكن أستخدم تليفونك؟

Rufen Sie einen Krankenwagen!	oṭlob ʿarabeyet esʿāf!
	أطلب عربية إسعاف!
Es ist dringend!	di ḥāla messtaʿgela!
	دي حالة مستعجلة!
Es ist ein Notfall!	di ḥāla ṭāre'a!
	دي حالة طارئة!
Schneller bitte!	besorʿa men faḍlak!
	بسرعة من فضلك!
Können Sie bitte einen Arzt rufen?	momken tekallem doktore men faḍlak?
	ممكن تكلم دكتور من فضلك؟
Wo ist das Krankenhaus?	feyn el mostaʃfa?
	فين المستشفى؟

Wie fühlen Sie sich?	ḥāsses be eyh dellwa'ty
	حاسس بإيه دلوقتي؟
Ist bei Ihnen alles in Ordnung?	enta beχeyr?
	إنت بخير؟
Was ist passiert?	eh elly ḥaṣal?
	إيه إللي حصل؟

Mir geht es schon besser.	ana ḥāsseş eny aḥssan dellwa'ty أنا حاسس إني أحسن دلوقتي
Es ist in Ordnung.	tamām تمام
Alles ist in Ordnung.	kollo tamām كله تمام

In der Apotheke

Apotheke	ṣaydaliya صيدلية
24 Stunden Apotheke	ṣaydaliya arbʿa we ʿeʃrīn sāʿa صيدلية 24 ساعة
Wo ist die nächste Apotheke?	feyn aqrab ṣaydaliya? فين أقرب صيدلية؟
Ist sie jetzt offen?	hiya fat-ḥa dellwaʾty? هي فاتحة دلوقتي؟
Um wie viel Uhr öffnet sie?	betefftaḥ emta? بتفتح إمتى؟
Um wie viel Uhr schließt sie?	beteʾffel emta? بتقفل إمتى؟
Ist es weit?	hiya beʿeyda? هي بعيدة؟
Kann ich dort zu Fuß hingehen?	momken awṣal ḥenāk māʃy? ممكن أوصل هناك ماشي؟
Können Sie es mir auf der Karte zeigen?	momken tewarrīny ʿlal xarīṭa? ممكن توريني على الخريطة؟
Bitte geben sie mir etwas gegen ...	men faḍlak eddīny ḥāga le... من فضلك إديني حاجة لـ...
Kopfschmerzen	el ṣodāʿ الصداع
Husten	el koḥḥa الكحة
eine Erkältung	el bard البرد
die Grippe	influenza الأنفلوانزا
Fieber	el ḥumma الحمى
Magenschmerzen	el maɣaṣṣ المغص
Übelkeit	el ɣasayān الغثيان
Durchfall	el es-hāl الإسهال
Verstopfung	el emsāk الإمساك
Rückenschmerzen	alam fel ẓahr ألم في الظهر

Brustschmerzen	alam fel ṣadr
	ألم في الصدر
Seitenstechen	γorrza ganebiya
	غرزة جانبية
Bauchschmerzen	alam fel baṭṭn
	ألم في البطن

Pille	ḥabba
	حبة
Salbe, Creme	marham, krīm
	مرهم، كريم
Sirup	ʃarāb
	شراب
Spray	baχāχ
	بخاخ
Tropfen	noqaṭṭ
	نقط

Sie müssen ins Krankenhaus gehen.	enta meḥtāg terūḥ
	انت محتاج تروح المستشفى
Krankenversicherung	ta'mīn ṣeḥḥy
	تأمين صحي
Rezept	roʃetta
	روشتة
Insektenschutzmittel	ṭāred lel ḥaʃarāt
	طارد للحشرات
Pflaster	blastar
	بلاستر

Das absolute Minimum

Entschuldigen Sie bitte, …

ba'd ezznak, …
بعد إذنك، ...

Hallo.

ahlan
أهلا

Danke.

ʃokran
شكراً

Auf Wiedersehen.

ella alliqā'
إلى اللقاء

Ja.

aywā
أيوة

Nein.

la'a
لأ

Ich weiß nicht.

ma'raʃʃ
ما أعرفش

Wo? | Wohin? | Wann?

feyn? | lefeyn? | emta?
فين؟ | لفين؟ | إمتى؟

Ich brauche …

mehtāg …
محتاج ...

Ich möchte …

'āyez …
عايز ...

Haben Sie …?

ya tara 'andak …?
يا ترى عندك...؟

Gibt es hier …?

feyh hena …?
فيه هنا ...؟

Kann ich …?

momken …?
ممكن ...؟

Bitte (anfragen)

… men faḍlak
... من فضلك

Ich suche …

ana badawwar 'la …
أنا بادور على ...

die Toilette

ḥammām
حمام

den Geldautomat

makīnet ṣarraf 'āaly
ماكينة صراف آلي

die Apotheke

ṣaydaliya
صيدلية

das Krankenhaus

mostaʃfa
مستشفى

die Polizeistation

'essm el ʃorṭa
قسم شرطة

die U-Bahn

metro el anfā'
مترو الأنفاق

das Taxi	taksi
	تاكسي
den Bahnhof	mahattet el ʾattr
	محطة القطر

Ich heiße …	essmy …
	إسمي...
Wie heißen Sie?	essmak eyh?
	اسمك إيه؟
Helfen Sie mir bitte.	teʾddar tesāʿdny?
	تقدر تساعدني؟
Ich habe ein Problem.	ana ʿandy moʃkela
	أنا عندي مشكلة
Mir ist schlecht.	ana taʿbān
	أنا تعبان
Rufen Sie einen Krankenwagen!	otlob ʿarabeyet eṣʾāf!
	أطلب عربية إسعاف!
Darf ich telefonieren?	momken aʿmel mokalma telefoniya?
	ممكن أعمل مكالمة تليفونية؟

Entschuldigung.	ana ʾāṣsif
	أنا آسف
Keine Ursache.	el ʿafw
	العفو

ich	ana
	أنا
du	enta
	أنت
er	howwa
	هو
sie	hiya
	هي
sie (Pl, Mask.)	homm
	هم
sie (Pl, Fem.)	homm
	هم
wir	ehna
	احنا
ihr	entom
	انتم
Sie	haddretak
	حضرتك

EINGANG	doxūl
	دخول
AUSGANG	xorūg
	خروج
AUßER BETRIEB	ʿattlān
	عطلان
GESCHLOSSEN	moxlaq
	مغلق

OFFEN	maftūḥ
	مفتوح
FÜR DAMEN	lel sayedāt
	للسيدات
FÜR HERREN	lel regāl
	للرجال

AKTUELLES VOKABULAR

Dieser Teil beinhaltet mehr als 3.000 der wichtigsten Wörter. Das Wörterbuch wird Ihnen wertvolle Unterstützung während Ihrer Reise bieten, weil einzelne, häufig benutzte Wörter genug sind, damit Sie verstanden werden. Das Wörterbuch beinhaltet eine praktische Transkription jedes Fremdworts

T&P Books Publishing

INHALT WÖRTERBUCH

Grundbegriffe	75
Zahlen. Verschiedenes	81
Farben. Maßeinheiten	85
Die wichtigsten Verben	89
Zeit. Kalender	95
Reisen. Hotel	101
Transport	105
Stadt	111
Kleidung & Accessoires	119
Alltagserfahrung	127
Mahlzeiten. Restaurant	135
Persönliche Informationen. Familie	145
Menschlicher Körper. Medizin	149
Wohnung	157
Die Erde. Wetter	163
Fauna	175
Flora	183
Länder der Welt	189

T&P Books Publishing

T&P BOOKS

GRUNDBEGRIFFE

1. Pronomen
2. Grüße. Begrüßungen
3. Fragen
4. Präpositionen
5. Funktionswörter. Adverbien. Teil 1
6. Funktionswörter. Adverbien. Teil 2

T&P Books Publishing

1. Pronomen

Deutsch	Transkription	العربية
ich	ana	أنا
du (Mask.)	anta	أنتَ
du (Fem.)	anti	أنتِ
er	huwa	هو
sie	hiya	هي
wir	naḥnu	نحن
ihr	antum	أنتم
sie	hum	هم

2. Grüße. Begrüßungen

Deutsch	Transkription	العربية
Hallo! (Amtsspr.)	as salāmu 'alaykum!	السلام عليكم!
Guten Morgen!	ṣabāḥ al χayr!	صباح الخير!
Guten Tag!	nahārak saʻīd!	نهارك سعيد!
Guten Abend!	masāʾ al χayr!	مساء الخير!
grüßen (vi, vt)	sallam	سلّم
Hallo! (ugs.)	salām!	سلام!
Gruß (m)	salām (m)	سلام
begrüßen (vt)	sallam 'ala	سلّم على
Wie geht's?	kayfa ḥāluka?	كيف حالك؟
Was gibt es Neues?	ma aχbārak?	ما أخبارك؟
Auf Wiedersehen!	maʻ as salāma!	مع السلامة!
Bis bald!	ilal liqāʾ!	إلى اللقاء!
Lebe wohl!	maʻ as salāma!	مع السلامة!
Leben Sie wohl!		
sich verabschieden	waddaʻ	ودّع
Tschüs!	bay bay!	باي باي!
Danke!	ʃukran!	شكراً!
Dankeschön!	ʃukran ʒazīlan!	شكراً جزيلًا!
Bitte (Antwort)	'afwan	عفوا
Keine Ursache.	la ʃukr 'ala wāʒib	لا شكر على واجب
Nichts zu danken.	al 'afw	العفو
Entschuldige!	'an iðnak!	عن أذنك!
Entschuldigung!	'afwan!	عفوًا!
entschuldigen (vt)	'aðar	عذر
sich entschuldigen	i'taðar	إعتذر
Verzeihung!	ana ʾāsif	أنا آسف

Es tut mir leid!	la tu'āχiŏni!	لا تؤاخذني!
verzeihen (vt)	ʿafa	عفا
bitte (Die Rechnung, ~!)	min faḍlak	من فضلك

Nicht vergessen!	la tansa!	لا تنس!
Natürlich!	ṭabʿan!	طبعًا!
Natürlich nicht!	abadan!	أبدًا!
Gut! Okay!	ittafaqna!	إتّفقنا!
Es ist genug!	kifāya!	كفاية!

3. Fragen

Wer?	man?	من؟
Was?	māŏa?	ماذا؟
Wo?	ayna?	أين؟
Wohin?	ila ayna?	إلى أين؟
Woher?	min ayna?	من أين؟
Wann?	mata?	متى؟
Wozu?	li māŏa?	لماذا؟
Warum?	li māŏa?	لماذا؟

Wofür?	li māŏa?	لماذا؟
Wie?	kayfa?	كيف؟
Welcher?	ay?	أي؟

Wem?	li man?	لمن؟
Über wen?	ʿamman?	عمّن؟
Wovon? (~ sprichst du?)	ʿamma?	عمّا؟
Mit wem?	maʿ man?	مع من؟

| Wie viel? Wie viele? | kam? | كم؟ |
| Wessen? | li man? | لمن؟ |

4. Präpositionen

mit (Frau ~ Katzen)	maʿ	مع
ohne (~ Dich)	bi dūn	بدون
nach (~ London)	ila	إلى
über (~ Geschäfte sprechen)	ʿan	عن
vor (z.B. ~ acht Uhr)	qabl	قبل
vor (z.B. ~ dem Haus)	amām	أمام

unter (~ dem Schirm)	taḥt	تحت
über (~ dem Meeresspiegel)	fawq	فوق
auf (~ dem Tisch)	ʿala	على
aus (z.B. ~ München)	min	من

aus (z.B. ~ Porzellan)	min	مِن
in (~ zwei Tagen)	ba'd	بعد
über (~ zaun)	'abr	عبر

5. Funktionswörter. Adverbien. Teil 1

Wo?	ayna?	أين؟
hier	huna	هنا
dort	hunāk	هناك

| irgendwo | fi makānin ma | في مكان ما |
| nirgends | la fi ay makān | لا في أي مكان |

| an (bei) | bi ʒānib | بجانب |
| am Fenster | bi ʒānib aʃ ʃubbāk | بجانب الشبّاك |

Wohin?	ila ayna?	إلى أين؟
hierher	huna	هنا
dahin	hunāk	هناك
von hier	min huna	من هنا
von da	min hunāk	من هناك

| nah (Adv) | qarīban | قريبًا |
| weit, fern (Adv) | ba'īdan | بعيدًا |

in der Nähe von ...	'ind	عند
in der Nähe	qarīban	قريبًا
unweit (~ unseres Hotels)	ɣayr ba'īd	غير بعيد

link (Adj)	al yasār	اليسار
links (Adv)	'alaʃ ʃimāl	على الشمال
nach links	ilaʃ ʃimāl	إلى الشمال

recht (Adj)	al yamīn	اليمين
rechts (Adv)	'alal yamīn	على اليمين
nach rechts	llal yamīn	إلى اليمين

vorne (Adv)	min al amām	من الأمام
Vorder-	amāmiy	أمامي
vorwärts	ilal amām	إلى الأمام

hinten (Adv)	warā'	وراء
von hinten	min al warā'	من الوراء
rückwärts (Adv)	ilal warā'	إلى الوراء

| Mitte (f) | wasaṭ (m) | وسط |
| in der Mitte | fil wasat | في الوسط |

| seitlich (Adv) | bi ʒānib | بجانب |
| überall (Adv) | fi kull makān | في كل مكان |

ringsherum (Adv)	ḥawl	حول
von innen (Adv)	min ad dāxil	من الداخل
irgendwohin (Adv)	ila ayy makān	إلى أيّ مكان
geradeaus (Adv)	bi aqṣar ṭarīq	بأقصر طريق
zurück (Adv)	ʾīyāban	إيابًا
irgendwoher (Adv)	min ayy makān	من أي مكان
von irgendwo (Adv)	min makānin ma	من مكان ما
erstens	awwalan	أوَّلًا
zweitens	θāniyan	ثانيًا
drittens	θāliθan	ثالثًا
plötzlich (Adv)	faʒ'a	فجأة
zuerst (Adv)	fil bidāya	في البداية
zum ersten Mal	li 'awwal marra	لأوّل مرّة
lange vor...	qabl ... bi mudda ṭawīla	قبل...بمدّة طويلة
von Anfang an	min ʒadīd	من جديد
für immer	ilal abad	إلى الأبد
nie (Adv)	abadan	أبدًا
wieder (Adv)	min ʒadīd	من جديد
jetzt (Adv)	al 'ān	الآن
oft (Adv)	kaθīran	كثيرًا
damals (Adv)	fi ðalika al waqt	في ذلك الوقت
dringend (Adv)	'āʒilan	عاجلًا
gewöhnlich (Adv)	kal 'āda	كالعادة
übrigens, ...	'ala fikra ...	على فكرة...
möglicherweise (Adv)	min al mumkin	من الممكن
wahrscheinlich (Adv)	la'alla	لعلَّ
vielleicht (Adv)	min al mumkin	من الممكن
außerdem ...	bil iḍāfa ila ðalik ...	بالإضافة إلى...
deshalb ...	li ðalik	لذلك
trotz ...	bir raγm min ...	بالرغم من...
dank ...	bi faḍl ...	بفضل...
was (~ ist denn?)	allaði	الذي
das (~ ist alles)	anna	أنَّ
etwas	ʃay' (m)	شيء
irgendwas	ʃay' (m)	شيء
nichts	la ʃay'	لا شيء
wer (~ ist ~?)	allaði	الذي
jemand	aḥad	أحد
irgendwer	aḥad	أحد
niemand	la aḥad	لا أحد
nirgends	la ila ay makān	لا إلى أيّ مكان
niemandes (~ Eigentum)	la yaxuṣṣ aḥad	لا يخص أحدًا
jemandes	li aḥad	لأحد
so (derart)	hakaða	هكذا

| auch | kaðalika | كذلك |
| ebenfalls | ayḍan | أيضاً |

6. Funktionswörter. Adverbien. Teil 2

Warum?	li māða?	لماذا؟
aus irgendeinem Grund	li sababin ma	لسبب ما
weil ...	li'anna ...	لأنّ...
zu irgendeinem Zweck	li amr mā	لأمر ما

und	wa	و
oder	aw	أو
aber	lakin	لكن
für (präp)	li	لـ

zu (~ viele)	kaθīran ʒiddan	كثير جداً
nur (~ einmal)	faqaṭ	فقط
genau (Adv)	biḍ ḍabṭ	بالضبط
etwa	naḥw	نحو

ungefähr (Adv)	taqrīban	تقريباً
ungefähr (Adj)	taqrībiy	تقريبيّ
fast	taqrīban	تقريباً
Übrige (n)	al bāqi (m)	الباقي

jeder (~ Mann)	kull	كلّ
beliebig (Adj)	ayy	أيّ
viel	kaθīr	كثير
viele Menschen	kaθīr min an nās	كثير من الناس
alle (wir ~)	kull an nās	كلّ الناس

im Austausch gegen ...	muqābil ...	مقابل...
dafür (Adv)	muqābil	مقابل
mit der Hand (Hand-)	bil yad	باليد
schwerlich (Adv)	hayhāt	هيهات

wahrscheinlich (Adv)	la'alla	لعلّ
absichtlich (Adv)	qaṣdan	قصدا
zufällig (Adv)	ṣudfa	صدفة

sehr (Adv)	ʒiddan	جداً
zum Beispiel	maθalan	مثلا
zwischen	bayn	بين
unter (Wir sind ~ Mördern)	bayn	بين
so viele (~ Ideen)	haðihi al kammiyya	هذه الكمية
besonders (Adv)	χāṣṣa	خاصّة

T&P BOOKS

ZAHLEN. VERSCHIEDENES

7. Grundzahlen. Teil 1
8. Grundzahlen. Teil 2
9. Ordnungszahlen

T&P Books Publishing

null	ṣifr	صفر
eins	wāḥid	واحد
eine	wāḥida	واحدة
zwei	iθnān	إثنان
drei	θalāθa	ثلاثة
vier	arbaʿa	أربعة

fünf	χamsa	خمسة
sechs	sitta	ستّة
sieben	sabʿa	سبعة
acht	θamāniya	ثمانية
neun	tisʿa	تسعة

zehn	ʿaʃara	عشرة
elf	aḥad ʿaʃar	أحد عشر
zwölf	iθnā ʿaʃar	إثنا عشر
dreizehn	θalāθat ʿaʃar	ثلاثة عشر
vierzehn	arbaʿat ʿaʃar	أربعة عشر

fünfzehn	χamsat ʿaʃar	خمسة عشر
sechzehn	sittat ʿaʃar	ستّة عشر
siebzehn	sabʿat ʿaʃar	سبعة عشر
achtzehn	θamāniyat ʿaʃar	ثمانية عشر
neunzehn	tisʿat ʿaʃar	تسعة عشر

zwanzig	ʿiʃrūn	عشرون
einundzwanzig	wāḥid wa ʿiʃrūn	واحد وعشرون
zweiundzwanzig	iθnān wa ʿiʃrūn	إثنان وعشرون
dreiundzwanzig	θalāθa wa ʿiʃrūn	ثلاثة وعشرون

dreißig	θalāθīn	ثلاثون
einunddreißig	wāḥid wa θalāθūn	واحد وثلاثون
zweiunddreißig	iθnān wa θalāθūn	إثنان وثلاثون
dreiunddreißig	θalāθa wa θalāθūn	ثلاثة وثلاثون

vierzig	arbaʿūn	أربعون
einundvierzig	wāḥid wa arbaʿūn	واحد وأربعون
zweiundvierzig	iθnān wa arbaʿūn	إثنان وأربعون
dreiundvierzig	θalāθa wa arbaʿūn	ثلاثة وأربعون

fünfzig	χamsūn	خمسون
einundfünfzig	wāḥid wa χamsūn	واحد وخمسون
zweiundfünfzig	iθnān wa χamsūn	إثنان وخمسون
dreiundfünfzig	θalāθa wa χamsūn	ثلاثة وخمسون

sechzig	sittūn	ستّون
einundsechzig	wāḥid wa sittūn	واحد وستّون
zweiundsechzig	iθnān wa sittūn	إثنان وستّون
dreiundsechzig	θalāθa wa sittūn	ثلاثة وستّون
siebzig	sab'ūn	سبعون
einundsiebzig	wāḥid wa sab'ūn	واحد وسبعون
zweiundsiebzig	iθnān wa sab'ūn	إثنان وسبعون
dreiundsiebzig	θalāθa wa sab'ūn	ثلاثة وسبعون
achtzig	θamānūn	ثمانون
einundachtzig	wāḥid wa θamānūn	واحد وثمانون
zweiundachtzig	iθnān wa θamānūn	إثنان وثمانون
dreiundachtzig	θalāθa wa θamānūn	ثلاثة وثمانون
neunzig	tis'ūn	تسعون
einundneunzig	wāḥid wa tis'ūn	واحد وتسعون
zweiundneunzig	iθnān wa tis'ūn	إثنان وتسعون
dreiundneunzig	θalāθa wa tis'ūn	ثلاثة وتسعون

8. Grundzahlen. Teil 2

einhundert	mi'a	مائة
zweihundert	mi'atān	مائتان
dreihundert	θalāθumi'a	ثلاثمائة
vierhundert	rub'umi'a	أربعمائة
fünfhundert	χamsumi'a	خمسمائة
sechshundert	sittumi'a	ستّمائة
siebenhundert	sab'umi'a	سبعمائة
achthundert	θamānimi'a	ثمانمائة
neunhundert	tis'umi'a	تسعمائة
eintausend	alf	ألف
zweitausend	alfān	ألفان
dreitausend	θalāθat 'ālāf	ثلاثة آلاف
zehntausend	'aʃarat 'ālāf	عشرة آلاف
hunderttausend	mi'at alf	مائة ألف
Million (f)	milyūn (m)	مليون
Milliarde (f)	milyār (m)	مليار

9. Ordnungszahlen

der erste	awwal	أوّل
der zweite	θāni	ثان
der dritte	θāliθ	ثالث
der vierte	rābi'	رابع
der fünfte	χāmis	خامس

der sechste	sādis	سادس
der siebte	sābiʿ	سابع
der achte	θāmin	ثامن
der neunte	tāsiʿ	تاسع
der zehnte	ʿāʃir	عاشر

T&P BOOKS

FARBEN. MASSEINHEITEN

10. Farben
11. Maßeinheiten
12. Behälter

T&P Books Publishing

Farbe (f)	lawn (m)	لون
Schattierung (f)	daraʒat al lawn (m)	درجة اللون
Farbton (m)	ṣabγit lūn (f)	لون
Regenbogen (m)	qaws quzaḥ (m)	قوس قزح

weiß	abyaḍ	أبيض
schwarz	aswad	أسود
grau	ramādiy	رماديّ

grün	axḍar	أخضر
gelb	aṣfar	أصفر
rot	aḥmar	أحمر
blau	azraq	أزرق
hellblau	azraq fātiḥ	أزرق فاتح
rosa	wardiy	ورديّ
orange	burtuqāliy	برتقاليّ
violett	banafsaʒiy	بنفسجي
braun	bunniy	بنّيّ

golden	ðahabiy	ذهبيّ
silbrig	fiḍḍiy	فضّيّ
beige	bɛ:ʒ	بيج
cremefarben	ʿāʒiy	عاجيّ
türkis	fayrūziy	فيروزيّ
kirschrot	karaziy	كرزيّ
lila	laylakiy	ليلكيّ
himbeerrot	qirmiziy	قرمزيّ

hell	fātiḥ	فاتح
dunkel	γāmiq	غامق
grell	zāhi	زاه

Farb- (z.B. -stifte)	mulawwan	ملوّن
Farb- (z.B. -film)	mulawwan	ملوّن
schwarz-weiß	abyaḍ wa aswad	أبيض وأسود
einfarbig	waḥīd al lawn, sāda	وحيد اللون، سادة
bunt	mutaʿaddid al alwān	متعدّد الألوان

Gewicht (n)	wazn (m)	وزن
Länge (f)	ṭūl (m)	طول

Breite (f)	ʿarḍ (m)	عرض
Höhe (f)	irtifāʿ (m)	إرتفاع
Tiefe (f)	ʿumq (m)	عمق
Volumen (n)	ḥaʒm (m)	حجم
Fläche (f)	misāḥa (f)	مساحة
Gramm (n)	grām (m)	جرام
Milligramm (n)	milliɣrām (m)	مِلّيغرام
Kilo (n)	kiluɣrām (m)	كيلوغرام
Tonne (f)	ṭunn (m)	طنّ
Pfund (n)	raṭl (m)	رطل
Unze (f)	ūnṣa (f)	أونصة
Meter (m)	mitr (m)	متر
Millimeter (m)	millimitr (m)	مِلّيمتر
Zentimeter (m)	santimitr (m)	سنتيمتر
Kilometer (m)	kilumitr (m)	كيلومتر
Meile (f)	mīl (m)	ميل
Zoll (m)	būṣa (f)	بوصة
Fuß (m)	qadam (f)	قدم
Yard (n)	yārda (f)	ياردة
Quadratmeter (m)	mitr murabbaʿ (m)	متر مربّع
Hektar (n)	hiktār (m)	هكتار
Liter (m)	litr (m)	لتر
Grad (m)	daraʒa (f)	درجة
Volt (n)	vūlt (m)	فولت
Ampere (n)	ambīr (m)	أمبير
Pferdestärke (f)	ḥiṣān (m)	حصان
Anzahl (f)	kammiyya (f)	كمّيّة
etwas …	qalīl …	قليل...
Hälfte (f)	niṣf (m)	نصف
Dutzend (n)	iθnā ʿaʃar (f)	إثنا عشر
Stück (n)	waḥda (f)	وحدة
Größe (f)	ḥaʒm (m)	حجم
Maßstab (m)	miqyās (m)	مقياس
minimal (Adj)	al adna	الأدنى
der kleinste	al aṣɣar	الأصغر
mittler, mittel-	mutawassiṭ	متوسّط
maximal (Adj)	al aqṣa	الأقصى
der größte	al akbar	الأكبر

12. Behälter

Glas (Einmachglas)	barṭamān (m)	برطمان
Dose (z.B. Bierdose)	tanaka (f)	تنكة

Eimer (m)	ʒardal (m)	جردل
Fass (n), Tonne (f)	barmīl (m)	برميل
Waschschüssel (n)	ḥawḍ lil yasīl (m)	حوض للغسيل
Tank (m)	xazzān (m)	خزّان
Flachmann (m)	zamzamiyya (f)	زمزميّة
Kanister (m)	ʒirikan (m)	جركن
Zisterne (f)	xazzān (m)	خزّان
Kaffeebecher (m)	māgg (m)	ماجّ
Tasse (f)	finʒān (m)	فنجان
Untertasse (f)	ṭabaq finʒān (m)	طبق فنجان
Wasserglas (n)	kubbāya (f)	كبّاية
Weinglas (n)	ka's (f)	كأس
Kochtopf (m)	kassirūlla (f)	كاسرولة
Flasche (f)	zuʒāʒa (f)	زجاجة
Flaschenhals (m)	ʻunq (m)	عنق
Karaffe (f)	dawraq zuʒāʒiy (m)	دورق زجاجيّ
Tonkrug (m)	ibrīq (m)	إبريق
Gefäß (n)	inā' (m)	إناء
Tontopf (m)	aṣīṣ (m)	أصيص
Vase (f)	vāza (f)	فازة
Flakon (n)	zuʒāʒa (f)	زجاجة
Fläschchen (n)	zuʒāʒa (f)	زجاجة
Tube (z.B. Zahnpasta)	umbūba (f)	أنبوبة
Sack (~ Kartoffeln)	kīs (m)	كيس
Tüte (z.B. Plastiktüte)	kīs (m)	كيس
Schachtel (z.B. Zigaretten~)	ʻulba (f)	علبة
Karton (z.B. Schuhkarton)	ʻulba (f)	علبة
Kiste (z.B. Bananenkiste)	ṣundū' (m)	صندوق
Korb (m)	salla (f)	سلّة

BOOKS

T&p

DIE WICHTIGSTEN VERBEN

13. Die wichtigsten Verben. Teil 1
14. Die wichtigsten Verben. Teil 2
15. Die wichtigsten Verben. Teil 3
16. Die wichtigsten Verben. Teil 4

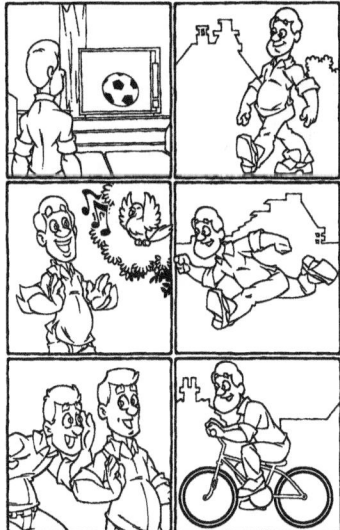

T&P Books Publishing

abbiegen (nach links ~)	in'ataf	إنعطف
abschicken (vt)	arsal	أرسل
ändern (vt)	ɣayyar	غيّر
andeuten (vt)	a'ta talmīḥ	أعطى تلميحًا
Angst haben	χāf	خاف
ankommen (vi)	waṣal	وصل
antworten (vi)	aʒāb	أجاب
arbeiten (vi)	'amal	عمل
auf ... zählen	i'tamad 'ala ...	إعتمد على...
aufbewahren (vt)	ḥafaẓ	حفظ
aufschreiben (vt)	katab	كتب
ausgehen (vi)	χaraʒ	خرج
aussprechen (vt)	nataq	نطق
bedauern (vt)	nadim	ندم
bedeuten (vt)	'ana	عنى
beenden (vt)	atamm	أتمّ
befehlen (Milit.)	amar	أمر
befreien (Stadt usw.)	ḥarrar	حرّر
beginnen (vt)	bada'	بدأ
bemerken (vt)	lāḥaẓ	لاحظ
beobachten (vt)	rāqab	راقب
berühren (vt)	lamas	لمس
besitzen (vt)	malak	ملك
besprechen (vt)	nāqaʃ	ناقش
bestehen auf	aṣarr	أصرّ
bestellen (im Restaurant)	talab	طلب
bestrafen (vt)	'āqab	عاقب
beten (vi)	ṣalla	صلّى
bitten (vt)	talab	طلب
brechen (vt)	kasar	كسر
denken (vi, vt)	ẓann	ظنّ
drohen (vi)	haddad	هدّد
Durst haben	arād an yaʃrab	أراد أن يشرب
einladen (vt)	da'a	دعا
einstellen (vt)	tawaqqaf	توقف
einwenden (vt)	i'taraḍ	إعترض
empfehlen (vt)	naṣaḥ	نصح
erklären (vt)	ʃaraḥ	شرح

erlauben (vt)	raχχaṣ	رخَص
ermorden (vt)	qatal	قتل
erwähnen (vt)	ðakar	ذكر
existieren (vi)	kān mawʒūd	كان موجودًا

14. Die wichtigsten Verben. Teil 2

fallen (vi)	saqaṭ	سقط
fallen lassen	awqaʿ	أوقع
fangen (vt)	amsak	أمسك
finden (vt)	waʒad	وجد
fliegen (vi)	ṭār	طار

folgen (Folge mir!)	tabaʿ	تبع
fortsetzen (vt)	istamarr	إستمرَ
fragen (vt)	saʾal	سأل
frühstücken (vi)	afṭar	أفطر
geben (vt)	aʿṭa	أعطى

gefallen (vi)	aʿʒab	أعجب
gehen (zu Fuß gehen)	maʃa	مشى
gehören (vi)	χaṣṣ	خصَ
graben (vt)	ḥafar	حفر

haben (vt)	malak	ملك
helfen (vi)	sāʿad	ساعد
herabsteigen (vi)	nazil	نزل
hereinkommen (vi)	daχal	دخل

hoffen (vi)	tamanna	تمنَى
hören (vt)	samiʿ	سمع
hungrig sein	arād an yaʾkul	أراد أن يأكل
informieren (vt)	aχbar	أخبر
jagen (vi)	iṣṭād	إصطاد

kennen (vt)	ʿaraf	عرف
klagen (vi)	ʃaka	شكا
können (v mod)	istaṭāʿ	إستطاع
kontrollieren (vt)	taḥakkam	تحكَم
kosten (vt)	kallaf	كلّف

kränken (vt)	ahān	أهان
lächeln (vi)	ibtasam	إبتسم
lachen (vi)	ḍaḥik	ضحك
laufen (vi)	ʒara	جرى
leiten (Betrieb usw.)	adār	أدار

lernen (vt)	daras	درس
lesen (vi, vt)	qaraʾ	قرأ
lieben (vt)	aḥabb	أحبَ

machen (vt)	'amal	عمل
mieten (Haus usw.)	ista'ʒar	إستأجر
nehmen (vt)	aχað	أخذ
noch einmal sagen	karrar	كرّر
nötig sein	kān maṭlūb	كان مطلوبا
öffnen (vt)	fataḥ	فتح

15. Die wichtigsten Verben. Teil 3

planen (vt)	χaṭṭaṭ	خطّط
prahlen (vi)	tabāha	تباهى
raten (vt)	naṣaḥ	نصح
rechnen (vt)	'add	عدّ
reservieren (vt)	ḥaʒaz	حجز
retten (vt)	anqað	أنقذ
richtig raten (vt)	χamman	خمّن
rufen (um Hilfe ~)	istaγāθ	إستغاث
sagen (vt)	qāl	قال
schaffen (Etwas Neues zu ~)	χalaq	خلق
schelten (vt)	wabbaχ	وبّخ
schießen (vi)	aṭlaq an nār	أطلق النار
schmücken (vt)	zayyan	زيّن
schreiben (vi, vt)	katab	كتب
schreien (vi)	ṣaraχ	صرخ
schweigen (vi)	sakat	سكت
schwimmen (vi)	sabaḥ	سبح
schwimmen gehen	sabaḥ	سبح
sehen (vi, vt)	ra'a	رأى
sein (vi)	kān	كان
sich beeilen	ista'ʒal	إستعجل
sich entschuldigen	i'taðar	إعتذر
sich interessieren	ihtamm	إهتمّ
sich irren	aχṭa'	أخطأ
sich setzen	ʒalas	جلس
sich weigern	rafaḍ	رفض
spielen (vi, vt)	la'ib	لعب
sprechen (vi)	takallam	تكلّم
staunen (vi)	indahaʃ	إندهش
stehlen (vt)	saraq	سرق
stoppen (vt)	waqaf	وقف
suchen (vt)	baḥaθ	بحث

16. Die wichtigsten Verben. Teil 4

täuschen (vt)	χadaʿ	خدع
teilnehmen (vi)	iʃtarak	إشترك
übersetzen (Buch usw.)	tarʒam	ترجم
unterschätzen (vt)	istaχaff	إستخفّ
unterschreiben (vt)	waqqaʿ	وقّع
vereinigen (vt)	waḥḥad	وحّد
vergessen (vt)	nasiy	نسي
vergleichen (vt)	qāran	قارن
verkaufen (vt)	bāʿ	باع
verlangen (vt)	ṭālib	طالب
versäumen (vt)	ɣāb	غاب
versprechen (vt)	waʿad	وعد
verstecken (vt)	χabaʾ	خبأ
verstehen (vt)	fahim	فهم
versuchen (vt)	ḥāwal	حاول
verteidigen (vt)	dāfaʿ	دافع
vertrauen (vi)	waθiq	وثق
verwechseln (vt)	iχtalaṭ	إختلط
verzeihen (vt)	ʿafa	عفا
voraussehen (vt)	tanabbaʾ	تنبّأ
vorschlagen (vt)	iqtaraḥ	إقترح
vorziehen (vt)	faḍḍal	فضّل
wählen (vt)	iχtār	إختار
warnen (vt)	ḥaððar	حذّر
warten (vi)	intazar	إنتظر
weinen (vi)	baka	بكى
wissen (vt)	ʿaraf	عرف
Witz machen	mazaḥ	مزح
wollen (vt)	arād	أراد
zahlen (vi)	dafaʿ	دفع
zeigen (jemandem etwas)	ʿaraḍ	عرض
zu Abend essen	taʿaʃʃa	تعشّى
zu Mittag essen	taɣadda	تغدّى
zubereiten (vt)	ḥaḍḍar	حضّر
zustimmen (vi)	ittafaq	إتّفق
zweifeln (vi)	ʃakk fi	شكّ في

T&P BOOKS

ZEIT. KALENDER

17. Wochentage
18. Stunden. Tag und Nacht
19. Monate. Jahreszeiten

T&P Books Publishing

17. Wochentage

Montag (m)	yawm al iθnayn (m)	يوم الإثنين
Dienstag (m)	yawm aθ θulāθā' (m)	يوم الثلاثاء
Mittwoch (m)	yawm al arbi'ā' (m)	يوم الأربعاء
Donnerstag (m)	yawm al χamīs (m)	يوم الخميس
Freitag (m)	yawm al ʒum'a (m)	يوم الجمعة
Samstag (m)	yawm as sabt (m)	يوم السبت
Sonntag (m)	yawm al aḥad (m)	يوم الأحد
heute	al yawm	اليوم
morgen	γadan	غدًا
übermorgen	ba'd γad	بعد غد
gestern	ams	أمس
vorgestern	awwal ams	أوّل أمس
Tag (m)	yawm (m)	يوم
Arbeitstag (m)	yawm 'amal (m)	يوم عمل
Feiertag (m)	yawm al 'uṭla ar rasmiyya (m)	يوم العطلة الرسمية
freier Tag (m)	yawm 'uṭla (m)	يوم عطلة
Wochenende (n)	ayyām al 'uṭla (pl)	أيام العطلة
den ganzen Tag	ṭūl al yawm	طول اليوم
am nächsten Tag	fil yawm at tāli	في اليوم التالي
zwei Tage vorher	min yawmayn	قبل يومين
am Vortag	fil yawm as sābiq	في اليوم السابق
täglich (Adj)	yawmiy	يومي
täglich (Adv)	yawmiyyan	يوميا
Woche (f)	usbū' (m)	أسبوع
letzte Woche	fil isbū' al māḍi	في الأسبوع الماضي
nächste Woche	fil isbū' al qādim	في الأسبوع القادم
wöchentlich (Adj)	usbū'iy	أسبوعي
wöchentlich (Adv)	usbū'iyyan	أسبوعيا
zweimal pro Woche	marratayn fil usbū'	مرّتين في الأسبوع
jeden Dienstag	kull yawm aθ θulāθā'	كل يوم الثلاثاء

18. Stunden. Tag und Nacht

Morgen (m)	ṣabāḥ (m)	صباح
morgens	fiṣ ṣabāḥ	في الصباح
Mittag (m)	ẓuhr (m)	ظهر
nachmittags	ba'd aẓ ẓuhr	بعد الظهر

Abend (m)	masā' (m)	مساء
abends	fil masā'	في المساء
Nacht (f)	layl (m)	ليل
nachts	bil layl	بالليل
Mitternacht (f)	muntaṣif al layl (m)	منتصف الليل

Sekunde (f)	θāniya (f)	ثانية
Minute (f)	daqīqa (f)	دقيقة
Stunde (f)	sā'a (f)	ساعة
eine halbe Stunde	niṣf sā'a (m)	نصف ساعة
Viertelstunde (f)	rub' sā'a (f)	ربع ساعة
fünfzehn Minuten	χamsat 'aʃar daqīqa	خمس عشرة دقيقة
Tag und Nacht	yawm kāmil (m)	يوم كامل

Sonnenaufgang (m)	ʃurūq aʃʃams (m)	شروق الشمس
Morgendämmerung (f)	faʒr (m)	فجر
früher Morgen (m)	ṣabāḥ bākir (m)	صباح باكر
Sonnenuntergang (m)	ɣurūb aʃʃams (m)	غروب الشمس

früh am Morgen	fis ṣabāḥ al bākir	في الصباح الباكر
heute Morgen	al yawm fiṣ ṣabāḥ	اليوم في الصباح
morgen früh	ɣadan fiṣ ṣabāḥ	غدًا في الصباح

heute Mittag	al yawm ba'd aẓ ẓuhr	اليوم بعد الظهر
nachmittags	ba'd aẓ ẓuhr	بعد الظهر
morgen Nachmittag	ɣadan ba'd aẓ ẓuhr	غدًا بعد الظهر

| heute Abend | al yawm fil masā' | اليوم في المساء |
| morgen Abend | ɣadan fil masā' | غدًا في المساء |

Punkt drei Uhr	fis sā'a aθ θāliθa tamāman	في الساعة الثالثة تماما
gegen vier Uhr	fis sā'a ar rābi'a taqrīban	في الساعة الرابعة تقريبا
um zwölf Uhr	ḥattas sā'a aθ θāniya 'aʃara	حتى الساعة الثانية عشرة
in zwanzig Minuten	ba'd 'iʃrīn daqīqa	بعد عشرين دقيقة
in einer Stunde	ba'd sā'a	بعد ساعة
rechtzeitig (Adv)	fi maw'idih	في موعده

Viertel vor ...	illa rub'	إلا ربع
innerhalb einer Stunde	ṭiwāl sā'a	طوال الساعة
alle fünfzehn Minuten	kull rub' sā'a	كل ربع ساعة
Tag und Nacht	layl nahār	ليل نهار

19. Monate. Jahreszeiten

Januar (m)	yanāyir (m)	يناير
Februar (m)	fibrāyir (m)	فبراير
März (m)	māris (m)	مارس
April (m)	abrīl (m)	أبريل
Mai (m)	māyu (m)	مايو

Juni (m)	yūnyu (m)	يونيو
Juli (m)	yūlyu (m)	يوليو
August (m)	aɣusṭus (m)	أغسطس
September (m)	sibtambar (m)	سبتمبر
Oktober (m)	uktūbir (m)	أكتوبر
November (m)	nuvimbar (m)	نوفمبر
Dezember (m)	disimbar (m)	ديسمبر

Frühling (m)	rabīˁ (m)	ربيع
im Frühling	fir rabīˁ	في الربيع
Frühlings-	rabīˁiy	ربيعي

Sommer (m)	ṣayf (m)	صيف
im Sommer	fiṣ ṣayf	في الصيف
Sommer-	ṣayfiy	صيفي

Herbst (m)	χarīf (m)	خريف
im Herbst	fil χarīf	في الخريف
Herbst-	χarīfiy	خريفي

Winter (m)	ʃitāʾ (m)	شتاء
im Winter	fiʃ ʃitāʾ	في الشتاء
Winter-	ʃitawiy	شتوي

Monat (m)	ʃahr (m)	شهر
in diesem Monat	fi haða aʃ ʃahr	في هذا الشهر
nächsten Monat	fiʃ ʃahr al qādim	في الشهر القادم
letzten Monat	fiʃ ʃahr al māḍi	في الشهر الماضي

vor einem Monat	qabl ʃahr	قبل شهر
über eine Monat	baˁd ʃahr	بعد شهر
in zwei Monaten	baˁd ʃahrayn	بعد شهرين
den ganzen Monat	ʃahr kāmil	شهر كامل

monatlich (Adj)	ʃahriy	شهري
monatlich (Adv)	kull ʃahr	كل شهر
jeden Monat	kull ʃahr	كل شهر
zweimal pro Monat	marratayn fiʃ ʃahr	مرتين في الشهر

Jahr (n)	sana (f)	سنة
dieses Jahr	fi haðihi as sana	في هذه السنة
nächstes Jahr	fis sana al qādima	في السنة القادمة
voriges Jahr	fis sana al māḍiya	في السنة الماضية

vor einem Jahr	qabla sana	قبل سنة
in einem Jahr	baˁd sana	بعد سنة
in zwei Jahren	baˁd sanatayn	بعد سنتين
das ganze Jahr	sana kāmila	سنة كاملة

jedes Jahr	kull sana	كل سنة
jährlich (Adj)	sanawiy	سنوي
jährlich (Adv)	kull sana	كل سنة

viermal pro Jahr	arba' marrāt fis sana	أربع مرّات في السنة
Datum (heutige ~)	tarīχ (m)	تاريخ
Datum (Geburts-)	tarīχ (m)	تاريخ
Kalender (m)	taqwīm (m)	تقويم
ein halbes Jahr	niṣf sana (m)	نصف سنة
Halbjahr (n)	niṣf sana (m)	نصف سنة
Saison (f)	faṣl (m)	فصل
Jahrhundert (n)	qarn (m)	قرن

REISEN. HOTEL

20. Ausflug. Reisen
21. Hotel
22. Sehenswürdigkeiten

T&P Books Publishing

Tourismus (m)	siyāḥa (f)	سياحة
Tourist (m)	sā'iḥ (m)	سائح
Reise (f)	riḥla (f)	رحلة
Abenteuer (n)	muɣāmara (f)	مغامرة
Fahrt (f)	riḥla (f)	رحلة
Urlaub (m)	ʿuṭla (f)	عطلة
auf Urlaub sein	ʿindahu ʿuṭla	عنده عطلة
Erholung (f)	istirāḥa (f)	إستراحة
Zug (m)	qiṭār (m)	قطار
mit dem Zug	bil qiṭār	بالقطار
Flugzeug (n)	ṭā'ira (f)	طائرة
mit dem Flugzeug	biṭ ṭā'ira	بالطائرة
mit dem Auto	bis sayyāra	بالسيّارة
mit dem Schiff	bis safīna	بالسفينة
Gepäck (n)	aʃ ʃunaṭ (pl)	الشنط
Koffer (m)	ḥaqībat safar (f)	حقيبة سفر
Gepäckwagen (m)	ʿarabat ʃunaṭ (f)	عربة شنط
Pass (m)	ʒawāz as safar (m)	جواز السفر
Visum (n)	ta'ʃīra (f)	تأشيرة
Fahrkarte (f)	taðkira (f)	تذكرة
Flugticket (n)	taðkirat ṭā'ira (f)	تذكرة طائرة
Reiseführer (m)	dalīl (m)	دليل
Landkarte (f)	xarīṭa (f)	خريطة
Gegend (f)	mintaqa (f)	منطقة
Ort (wunderbarer ~)	makān (m)	مكان
Exotika (pl)	ɣarāba (f)	غرابة
exotisch	ɣarīb	غريب
erstaunlich (Adj)	mudhiʃ	مدهش
Gruppe (f)	maʒmūʿa (f)	مجموعة
Ausflug (m)	ʒawla (f)	جولة
Reiseleiter (m)	murʃid (m)	مرشد

21. Hotel

Hotel (n)	funduq (m)	فندق
Motel (n)	mutīl (m)	موتيل

drei Sterne	θalāθat nuʒūm	ثلاثة نجوم
fünf Sterne	χamsat nuʒūm	خمسة نجوم
absteigen (vi)	nazal	نزل

Hotelzimmer (n)	ɣurfa (f)	غرفة
Einzelzimmer (n)	ɣurfa li ʃaχṣ wāḥid (f)	غرفة لشخص واحد
Zweibettzimmer (n)	ɣurfa li ʃaχṣayn (f)	غرفة لشخصين
reservieren (vt)	ḥaʒaz ɣurfa	حجز غرفة

Halbpension (f)	waʒbitān fil yawm (du)	وجبتان في اليوم
Vollpension (f)	θalāθ waʒabāt fil yawm	ثلاث وجبات في اليوم

mit Bad	bi ḥawḍ al istiḥmām	بحوض الإستحمام
mit Dusche	bid duʃ	بالدوش
Satellitenfernsehen (n)	tilivizyūn faḍā'iy (m)	تلفزيون فضائيّ
Klimaanlage (f)	takyīf (m)	تكييف
Handtuch (n)	fūṭa (f)	فوطة
Schlüssel (m)	miftāḥ (m)	مفتاح

Verwalter (m)	mudīr (m)	مدير
Zimmermädchen (n)	'āmilat tanzīf ɣuraf (f)	عاملة تنظيف غرف
Träger (m)	ḥammāl (m)	حمّال
Portier (m)	bawwāb (m)	بوّاب

Restaurant (n)	maṭ'am (m)	مطعم
Bar (f)	bār (m)	بار
Frühstück (n)	fuṭūr (m)	فطور
Abendessen (n)	'aʃā' (m)	عشاء
Buffet (n)	bufīh (m)	بوفيه

Foyer (n)	radha (f)	ردهة
Aufzug (m), Fahrstuhl (m)	miṣ'ad (m)	مصعد

BITTE NICHT STÖREN!	ar raʒā' 'adam al iz'āʒ	الرجاء عدم الإزعاج
RAUCHEN VERBOTEN!	mamnū' at tadχīn	ممنوع التدخين

22. Sehenswürdigkeiten

Denkmal (n)	timθāl (m)	تمثال
Festung (f)	qal'a (f), ḥiṣn (m)	قلعة، حصن
Palast (m)	qaṣr (m)	قصر
Schloss (n)	qal'a (f)	قلعة
Turm (m)	burʒ (m)	برج
Mausoleum (n)	ḍarīḥ (m)	ضريح

Architektur (f)	handasa mi'māriyya (f)	هندسة معماريّة
mittelalterlich	min al qurūn al wusṭa	من القرون الوسطى
alt (antik)	qadīm	قديم
national	waṭaniy	وطنيّ
berühmt	maʃhūr	مشهور

Tourist (m)	sāʾiḥ (m)	سائح
Fremdenführer (m)	murʃid (m)	مرشد
Ausflug (m)	ʒawla (f)	جولة
zeigen (vt)	ʿaraḍ	عرض
erzählen (vt)	ḥaddaθ	حدّث
finden (vt)	waʒad	وجد
sich verlieren	ḍāʿ	ضاع
Karte (U-Bahn ~)	xarīṭa (f)	خريطة
Karte (Stadt-)	xarīṭa (f)	خريطة
Souvenir (n)	tiðkār (m)	تذكار
Souvenirladen (m)	maḥall hadāya (m)	محلّ هدايا
fotografieren (vt)	ṣawwar	صوّر
sich fotografieren	taṣawwar	تصوّر

T&P BOOKS

TRANSPORT

23. Flughafen
24. Flugzeug
25. Zug
26. Schiff

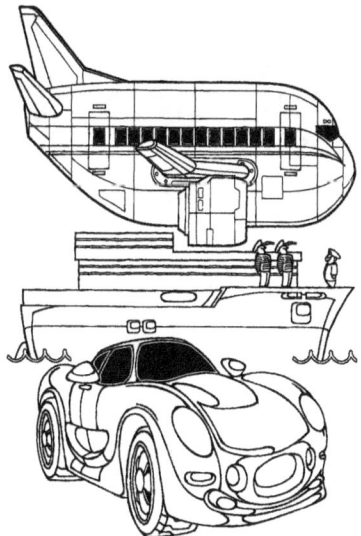

T&P Books Publishing

23. Flughafen

Flughafen (m)	maṭār (m)	مطار
Flugzeug (n)	ṭā'ira (f)	طائرة
Fluggesellschaft (f)	ʃarikat ṭayarān (f)	شركة طيران
Fluglotse (m)	marāqib al ḥaraka al ӡawwiyya (pl)	مراقب الحركة الجوية

Abflug (m)	muɣādara (f)	مغادرة
Ankunft (f)	wuṣūl (m)	وصول
anfliegen (vi)	waṣal	وصل

| Abflugzeit (f) | waqt al muɣādara (m) | وقت المغادرة |
| Ankunftszeit (f) | waqt al wuṣūl (m) | وقت الوصول |

| sich verspäten | ta'aҳҳar | تأخّر |
| Abflugverspätung (f) | ta'aҳҳur ar riḥla (m) | تأخّر الرحلة |

Anzeigetafel (f)	lawḥat al ma'lūmāt (f)	لوحة المعلومات
Information (f)	isti'lāmāt (pl)	إستعلامات
ankündigen (vt)	a'lan	أعلن
Flug (m)	riḥla (f)	رحلة

| Zollamt (n) | ӡamārik (pl) | جمارك |
| Zollbeamter (m) | muwaẓẓaf al ӡamārik (m) | موظف الجمارك |

Zolldeklaration (f)	taṣrīḥ ӡumrukiy (m)	تصريح جمركيّ
ausfüllen (vt)	mala'	ملأ
die Zollerklärung ausfüllen	mala' at taṣrīḥ	ملأ التصريح
Passkontrolle (f)	taftīʃ al ӡawāzāt (m)	تفتيش الجوازات

Gepäck (n)	aʃ ʃunaṭ (pl)	الشنط
Handgepäck (n)	ʃunaṭ al yad (pl)	شنط اليد
Kofferkuli (m)	'arabat ʃunaṭ (f)	عربة شنط

Landung (f)	hubūṭ (m)	هبوط
Landebahn (f)	mamarr al hubūṭ (m)	ممرّ الهبوط
landen (vi)	habaṭ	هبط
Fluggasttreppe (f)	sullam aṭ ṭā'ira (m)	سلّم الطائرة

Check-in (n)	tasӡīl (m)	تسجيل
Check-in-Schalter (m)	makān at tasӡīl (m)	مكان التسجيل
sich registrieren lassen	saӡӡal	سجّل
Bordkarte (f)	biṭāqat ṣu'ūd (f)	بطاقة صعود
Abfluggate (n)	bawwābāt al muɣādara (f)	بوّابة المغادرة
Transit (m)	tranzīt (m)	ترانزيت

warten (vi)	intazar	إنتظر
Wartesaal (m)	qāʿat al muɣādara (f)	قاعة المغادرة
begleiten (vt)	waddaʿ	ودّع
sich verabschieden	waddaʿ	ودّع

24. Flugzeug

Flugzeug (n)	ṭāʾira (f)	طائرة
Flugticket (n)	taðkirat ṭāʾira (f)	تذكرة طائرة
Fluggesellschaft (f)	ʃarikat ṭayarān (f)	شركة طيران
Flughafen (m)	maṭār (m)	مطار
Überschall-	xāriq liṣ ṣawt	خارق للصوت

Flugkapitän (m)	qāʾid aṭ ṭāʾira (m)	قائد الطائرة
Besatzung (f)	ṭāqim (m)	طاقم
Pilot (m)	ṭayyār (m)	طيّار
Flugbegleiterin (f)	muḍīfat ṭayarān (f)	مضيفة طيران
Steuermann (m)	mallāḥ (m)	ملّاح

Flügel (pl)	aȝniḥa (pl)	أجنحة
Schwanz (m)	ðayl (m)	ذيل
Kabine (f)	kabīna (f)	كابينة
Motor (m)	mutūr (m)	موتور
Fahrgestell (n)	ʿaȝalāt al hubūṭ (pl)	عجلات الهبوط
Turbine (f)	turbīna (f)	تربينة

Propeller (m)	mirwaḥa (f)	مروحة
Flugschreiber (m)	musaȝȝil aṭ ṭayarān (m)	مسجّل الطيران
Steuerrad (n)	ʿaȝalat qiyāda (f)	عجلة قيادة
Treibstoff (m)	wuqūd (m)	وقود
Sicherheitskarte (f)	biṭāqat as salāma (f)	بطاقة السلامة
Sauerstoffmaske (f)	qināʿ uksiȝīn (m)	قناع أوكسيجين
Uniform (f)	libās muwaḥḥad (m)	لباس موحّد
Rettungsweste (f)	sutrat naȝāt (f)	سترة نجاة
Fallschirm (m)	miẓallat hubūṭ (f)	مظلّة هبوط

Abflug, Start (m)	iqlāʿ (m)	إقلاع
starten (vi)	aqlaʿat	أقلعت
Startbahn (f)	madraȝ aṭ ṭāʾirāt (m)	مدرج الطائرات

Sicht (f)	ruʾya (f)	رؤية
Flug (m)	ṭayarān (m)	طيران
Höhe (f)	irtifāʿ (m)	إرتفاع
Luftloch (n)	ȝayb hawāʾiy (m)	جيب هوائيّ

Platz (m)	maqʿad (m)	مقعد
Kopfhörer (m)	sammāʿāt raʾsiya (pl)	سمّاعات رأسيّة
Klapptisch (m)	ṣīniyya qābila liṭ ṭayy (f)	صينية قابلة للطيّ
Bullauge (n)	ʃubbāk aṭ ṭāʾira (m)	شبّاك الطائرة
Durchgang (m)	mamarr (m)	ممرّ

25. Zug

Zug (m)	qiṭār (m)	قطار
elektrischer Zug (m)	qiṭār (m)	قطار
Schnellzug (m)	qiṭār sarī' (m)	قطار سريع
Diesellok (f)	qāṭirat dīzil (f)	قاطرة ديزل
Dampflok (f)	qāṭira buxāriyya (f)	قاطرة بخارية

Personenwagen (m)	'araba (f)	عربة
Speisewagen (m)	'arabat al maṭ'am (f)	عربة المطعم

Schienen (pl)	quḍubān (pl)	قضبان
Eisenbahn (f)	sikka ḥadīdiyya (f)	سكة حديدية
Bahnschwelle (f)	'āriḍa (f)	عارضة

Bahnsteig (m)	raṣīf (m)	رصيف
Gleis (n)	xaṭṭ (m)	خط
Eisenbahnsignal (n)	simafūr (m)	سيمافور
Station (f)	maḥaṭṭa (f)	محطة

Lokomotivführer (m)	sā'iq (m)	سائق
Träger (m)	ḥammāl (m)	حمّال
Schaffner (m)	mas'ūl 'arabat al qiṭār (m)	مسؤول عربة القطار
Fahrgast (m)	rākib (m)	راكب
Fahrkartenkontrolleur (m)	kamsariy (m)	كمسري

Flur (m)	mamarr (m)	ممر
Notbremse (f)	farāmil aṭ ṭawāri' (pl)	فرامل الطوارئ

Abteil (n)	xurfa (f)	غرفة
Liegeplatz (m), Schlafkoje (f)	sarīr (m)	سرير
oberer Liegeplatz (m)	sarīr 'ulwiy (m)	سرير علوي
unterer Liegeplatz (m)	sarīr sufliy (m)	سرير سفلي
Bettwäsche (f)	ayṭiyat as sarīr (pl)	أغطية السرير

Fahrkarte (f)	taðkira (f)	تذكرة
Fahrplan (m)	ʒadwal (m)	جدول
Anzeigetafel (f)	lawḥat ma'lūmāt (f)	لوحة معلومات

abfahren (der Zug)	xādar	غادر
Abfahrt (f)	muxādara (f)	مغادرة
ankommen (der Zug)	waṣal	وصل
Ankunft (f)	wuṣūl (m)	وصول

mit dem Zug kommen	waṣal bil qiṭār	وصل بالقطار
in den Zug einsteigen	rakib al qiṭār	ركب القطار
aus dem Zug aussteigen	nazil min al qiṭār	نزل من القطار

Zugunglück (n)	ḥiṭām qiṭār (m)	حطام قطار
entgleisen (vi)	xaraʒ 'an xaṭṭ sayrih	خرج عن خط سيره
Dampflok (f)	qāṭira buxāriyya (f)	قاطرة بخارية

Heizer (m)	'ataʃɜiy (m)	عطشجيّ
Feuerbüchse (f)	furn al muharrik (m)	فرن المحرّك
Kohle (f)	fahm (m)	فحم

26. Schiff

| Schiff (n) | safīna (f) | سفينة |
| Fahrzeug (n) | safīna (f) | سفينة |

Dampfer (m)	bāxira (f)	باخرة
Motorschiff (n)	bāxira nahriyya (f)	باخرة نهريّة
Kreuzfahrtschiff (n)	bāxira siyahiyya (f)	باخرة سياحيّة
Kreuzer (m)	tarrād (m)	طرّاد

Jacht (f)	yaxt (m)	يخت
Schlepper (m)	qātira (f)	قاطرة
Lastkahn (m)	sandal (m)	صندل
Fähre (f)	'abbāra (f)	عبّارة

| Segelschiff (n) | safīna ʃirā'iyya (m) | سفينة شراعيّة |
| Brigantine (f) | markab ʃirā'iy (m) | مركب شراعيّ |

| Eisbrecher (m) | muhattimat ɜalīd (f) | محطّمة جليد |
| U-Boot (n) | yawwāsa (f) | غوّاصة |

Boot (n)	markab (m)	مركب
Dingi (n), Beiboot (n)	zawraq (m)	زورق
Rettungsboot (n)	qārib naɜāt (m)	قارب نجاة
Motorboot (n)	lanʃ (m)	لنش

Kapitän (m)	qubtān (m)	قبطان
Matrose (m)	bahhār (m)	بحّار
Seemann (m)	bahhār (m)	بحّار
Besatzung (f)	tāqim (m)	طاقم

Bootsmann (m)	raˀīs al bahhāra (m)	رئيس البحّارة
Schiffsjunge (m)	sabiy as safīna (m)	صبي السفينة
Schiffskoch (m)	tabbāx (m)	طبّاخ
Schiffsarzt (m)	tabīb as safīna (m)	طبيب السفينة

Deck (n)	sath as safīna (m)	سطح السفينة
Mast (m)	sāriya (f)	سارية
Segel (n)	ʃirā' (m)	شراع

Schiffsraum (m)	'ambar (m)	عنبر
Bug (m)	muqaddama (m)	مقدّمة
Heck (n)	mu'axirat as safina (f)	مؤخّرة السفينة
Ruder (n)	miɜðāf (m)	مجذاف
Schraube (f)	mirwaha (f)	مروحة
Kajüte (f)	kabīna (f)	كابينة

Messe (f)	ɣurfat al istirāḥa (f)	غرفة الإستراحة
Maschinenraum (m)	qism al 'ālāt (m)	قسم الآلات
Kommandobrücke (f)	burʒ al qiyāda (m)	برج القيادة
Funkraum (m)	ɣurfat al lāsilkiy (f)	غرفة اللاسلكيّ
Radiowelle (f)	mawʒa (f)	موجة
Schiffstagebuch (n)	siʒil as safīna (m)	سجل السفينة
Fernrohr (n)	minẓār (m)	منظار
Glocke (f)	ʒaras (m)	جرس
Fahne (f)	ʿalam (m)	علم
Seil (n)	ḥabl (m)	حبل
Knoten (m)	ʿuqda (f)	عقدة
Geländer (n)	drabizīn (m)	درابزين
Treppe (f)	sullam (m)	سلّم
Anker (m)	mirsāt (f)	مرساة
den Anker lichten	rafaʿ mirsāt	رفع مرساة
Anker werfen	rasa	رسا
Ankerkette (f)	silsilat mirsāt (f)	سلسلة مرساة
Hafen (m)	mīnā' (m)	ميناء
Anlegestelle (f)	marsa (m)	مرسى
anlegen (vi)	rasa	رسا
abstoßen (vt)	aqlaʿ	أقلع
Reise (f)	riḥla (f)	رحلة
Kreuzfahrt (f)	riḥla baḥriyya (f)	رحلة بحرية
Kurs (m), Richtung (f)	masār (m)	مسار
Reiseroute (f)	ṭarīq (m)	طريق
Fahrwasser (n)	maʒra milāḥiy (m)	مجرى ملاحيّ
Untiefe (f)	miyāh ḍaḥla (f)	مياه ضحلة
stranden (vi)	ʒanaḥ	جنح
Sturm (m)	ʿāṣifa (f)	عاصفة
Signal (n)	iʃāra (f)	إشارة
untergehen (vi)	ɣariq	غرق
Mann über Bord!	saqaṭ raʒul min as safīna!	سقط رجل من السفينة!
SOS	nidā' iɣāθa (m)	نداء إغاثة
Rettungsring (m)	ṭawq naʒāt (m)	طوق نجاة

BOOKS

STADT

27. Innerstädtischer Transport
28. Stadt. Leben in der Stadt
29. Innerstädtische Einrichtungen
30. Schilder
31. Shopping

T&P Books Publishing

Bus (m)	bāṣ (m)	باص
Straßenbahn (f)	trām (m)	ترام
Obus (m)	truli bāṣ (m)	ترولي باص
Linie (f)	xaṭṭ (m)	خطّ
Nummer (f)	raqm (m)	رقم
mit ... fahren	rakib ...	ركب...
einsteigen (vi)	rakib	ركب
aussteigen (aus dem Bus)	nazil min	نزل من
Haltestelle (f)	mawqif (m)	موقف
nächste Haltestelle (f)	al maḥaṭṭa al qādima (f)	المحطّة القادمة
Endhaltestelle (f)	āxir maḥaṭṭa (f)	آخر محطّة
Fahrplan (m)	ʒadwal (m)	جدول
warten (vi, vt)	intaẓar	إنتظر
Fahrkarte (f)	taðkira (f)	تذكرة
Fahrpreis (m)	uʒra (f)	أجرة
Kassierer (m)	ṣarrāf (m)	صرّاف
Fahrkartenkontrolle (f)	taftīʃ taðkira (m)	تفتيش تذكرة
Fahrkartenkontrolleur (m)	mufattiʃ taðākir (m)	مفتّش تذاكر
sich verspäten	ta'axxar	تأخّر
versäumen (Zug usw.)	ta'axxar	تأخّر
sich beeilen	ista'ʒal	إستعجل
Taxi (n)	taksi (m)	تاكسي
Taxifahrer (m)	sā'iq taksi (m)	سائق تاكسي
mit dem Taxi	bit taksi	بالتاكسي
Taxistand (m)	mawqif taksi (m)	موقف تاكسي
ein Taxi rufen	kallam tāksi	كلّم تاكسي
ein Taxi nehmen	axað taksi	أخذ تاكسي
Straßenverkehr (m)	ḥarakat al murūr (f)	حركة المرور
Stau (m)	zaḥmat al murūr (f)	زحمة المرور
Hauptverkehrszeit (f)	sā'at að ðurwa (f)	ساعة الذروة
parken (vi)	awqaf	أوقف
parken (vt)	awqaf	أوقف
Parkplatz (m)	mawqif as sayyārāt (m)	موقف السيارات
U-Bahn (f)	mitru (m)	مترو
Station (f)	maḥaṭṭa (f)	محطّة
mit der U-Bahn fahren	rakib al mitru	ركب المترو

| Zug (m) | qiṭār (m) | قطار |
| Bahnhof (m) | maḥaṭṭat qiṭār (f) | محطة قطار |

28. Stadt. Leben in der Stadt

Stadt (f)	madīna (f)	مدينة
Hauptstadt (f)	ʿāṣima (f)	عاصمة
Dorf (n)	qarya (f)	قرية

Stadtplan (m)	xarīṭat al madīna (f)	خريطة المدينة
Stadtzentrum (n)	markaz al madīna (m)	مركز المدينة
Vorort (m)	ḍāḥiya (f)	ضاحية
Vorort-	aḍ ḍawāḥi	الضواحي

Stadtrand (m)	aṭrāf al madīna (pl)	أطراف المدينة
Umgebung (f)	ḍawāḥi al madīna (pl)	ضواحي المدينة
Stadtviertel (n)	ḥayy (m)	حي
Wohnblock (m)	ḥayy sakaniy (m)	حي سكني

Straßenverkehr (m)	ḥarakat al murūr (f)	حركة المرور
Ampel (f)	iʃārāt al murūr (pl)	إشارات المرور
Stadtverkehr (m)	wasāʾil an naql (pl)	وسائل النقل
Straßenkreuzung (f)	taqāṭuʿ (m)	تقاطع

Übergang (m)	maʿbar al muʃāt (m)	معبر المشاة
Fußgängerunterführung (f)	nafaq muʃāt (m)	نفق مشاة
überqueren (vt)	ʿabar	عبر
Fußgänger (m)	māʃi (m)	ماش
Gehweg (m)	raṣīf (m)	رصيف

Brücke (f)	ʒisr (m)	جسر
Kai (m)	kurnīʃ (m)	كورنيش
Springbrunnen (m)	nāfūra (f)	نافورة

Allee (f)	mamʃa (m)	ممشى
Park (m)	ḥadīʠa (f)	حديقة
Boulevard (m)	bulvār (m)	بولفار
Platz (m)	maydān (m)	ميدان
Avenue (f)	ʃāriʿ (m)	شارع
Straße (f)	ʃāriʿ (m)	شارع
Gasse (f)	zuqāq (m)	زقاق
Sackgasse (f)	ṭarīq masdūd (m)	طريق مسدود

Haus (n)	bayt (m)	بيت
Gebäude (n)	mabna (m)	مبنى
Wolkenkratzer (m)	nāṭiḥat saḥāb (f)	ناطحة سحاب

Fassade (f)	wāʒiha (f)	واجهة
Dach (n)	saqf (m)	سقف
Fenster (n)	ʃubbāk (m)	شبّاك

Bogen (m)	qaws (m)	قوس
Säule (f)	'amūd (m)	عمود
Ecke (f)	zāwiya (f)	زاوية

Schaufenster (n)	vatrīna (f)	فترينة
Firmenschild (n)	lāfita (f)	لافتة
Anschlag (m)	mulṣaq (m)	ملصق
Werbeposter (m)	mulṣaq i'lāniy (m)	ملصق إعلاني
Werbeschild (n)	lawḥat i'lānāt (f)	لوحة إعلانات

Müll (m)	zubāla (f)	زبالة
Mülleimer (m)	ṣundūq zubāla (m)	صندوق زبالة
Abfall wegwerfen	rama zubāla	رمى زبالة
Mülldeponie (f)	mazbala (f)	مزبلة

Telefonzelle (f)	kuʃk tilifūn (m)	كشك تليفون
Straßenlaterne (f)	'amūd al miṣbāḥ (m)	عمود المصباح
Bank (Park-)	dikka (f), kursiy (m)	دكّة, كرسي

Polizist (m)	ʃurṭiy (m)	شرطيّ
Polizei (f)	ʃurṭa (f)	شرطة
Bettler (m)	ʃaḥḥāð (m)	شحّاذ
Obdachlose (m)	mutaʃarrid (m)	متشرّد

29. Innerstädtische Einrichtungen

Laden (m)	maḥall (m)	محلّ
Apotheke (f)	ṣaydaliyya (f)	صيدليّة
Optik (f)	al adawāt al baṣariyya (pl)	الأدوات البصريّة
Einkaufszentrum (n)	markaz tiʒāriy (m)	مركز تجاريّ
Supermarkt (m)	subirmarkit (m)	سوبرماركت

Bäckerei (f)	maxbaz (m)	مخبز
Bäcker (m)	xabbāz (m)	خبّاز
Konditorei (f)	dukkān ḥalawāniy (m)	دكّان حلوانيّ
Lebensmittelladen (m)	baqqāla (f)	بقّالة
Metzgerei (f)	malḥama (f)	ملحمة

| Gemüseladen (m) | dukkān xuḍār (m) | دكّان خضار |
| Markt (m) | sūq (f) | سوق |

Kaffeehaus (n)	kafé (m), maqha (m)	كافيه, مقهى
Restaurant (n)	maṭ'am (m)	مطعم
Bierstube (f)	ḥāna (f)	حانة
Pizzeria (f)	maṭ'am pizza (m)	مطعم بيتزا

Friseursalon (m)	ṣālūn ḥilāqa (m)	صالون حلاقة
Post (f)	maktab al barīd (m)	مكتب البريد
chemische Reinigung (f)	tanẓīf ʒāff (m)	تنظيف جافّ
Fotostudio (n)	istūdiyu taṣwīr (m)	إستوديو تصوير

Schuhgeschäft (n)	maḥall aḥðiya (m)	محلّ أحذية
Buchhandlung (f)	maḥall kutub (m)	محلّ كتب
Sportgeschäft (n)	maḥall riyāḍiy (m)	محلّ رياضيّ
Kleiderreparatur (f)	maḥall xiyāṭat malābis (m)	محلّ خياطة ملابس
Bekleidungsverleih (m)	maḥall ta'ʒīr malābis rasmiyya (m)	محلّ تأجير ملابس رسمية
Videothek (f)	maḥal ta'ʒīr vidiyu (m)	محلّ تأجير فيديو
Zirkus (m)	sirk (m)	سيرك
Zoo (m)	ḥadīqat al ḥayawān (f)	حديقة حيوان
Kino (n)	sinima (f)	سينما
Museum (n)	matḥaf (m)	متحف
Bibliothek (f)	maktaba (f)	مكتبة
Theater (n)	masraḥ (m)	مسرح
Opernhaus (n)	ubra (f)	أويرا
Nachtklub (m)	malha layliy (m)	ملهى ليليّ
Kasino (n)	kazinu (m)	كازينو
Moschee (f)	masʒid (m)	مسجد
Synagoge (f)	kanīs maʿbad yahūdiy (m)	كنيس معبد يهوديّ
Kathedrale (f)	katidrā'iyya (f)	كاتدرائيّة
Tempel (m)	maʿbad (m)	معبد
Kirche (f)	kanīsa (f)	كنيسة
Institut (n)	kulliyya (m)	كلّيّة
Universität (f)	ʒāmiʿa (f)	جامعة
Schule (f)	madrasa (f)	مدرسة
Präfektur (f)	muqāṭaʿa (f)	مقاطعة
Rathaus (n)	baladiyya (f)	بلديّة
Hotel (n)	funduq (m)	فندق
Bank (f)	bank (m)	بنك
Botschaft (f)	safāra (f)	سفارة
Reisebüro (n)	ʃarikat siyāḥa (f)	شركة سياحة
Informationsbüro (n)	maktab al istiʿlāmāl (m)	مكتب الإستعلامات
Wechselstube (f)	ṣarrāfa (f)	صرّافة
U-Bahn (f)	mitru (m)	مترو
Krankenhaus (n)	mustaʃfa (m)	مستشفى
Tankstelle (f)	maḥaṭṭat banzīn (f)	محطّة بنزين
Parkplatz (m)	mawqif as sayyārāt (m)	موقف السيّارات

30. Schilder

Firmenschild (n)	lāfita (f)	لافتة
Aufschrift (f)	bayān (m)	بيان

Plakat (n)	mulṣaq i'lāniy (m)	ملصق إعلانيّ
Wegweiser (m)	'alāmat ittiʒāh (f)	علامة إتّجاه
Pfeil (m)	'alāmat iʃāra (f)	علامة إشارة

Vorsicht (f)	taḥðīr (m)	تحذير
Warnung (f)	lāfitat taḥðīr (f)	لافتة تحذير
warnen (vt)	ḥaððar	حذّر

freier Tag (m)	yawm 'uṭla (m)	يوم عطلة
Fahrplan (m)	ʒadwal (m)	جدول
Öffnungszeiten (pl)	awqāt al 'amal (pl)	أوقات العمل

HERZLICH WILLKOMMEN!	ahlan wa sahlan!	أهلًا وسهلًا
EINGANG	duχūl	دخول
AUSGANG	χurūʒ	خروج

DRÜCKEN	idfaʿ	إدفع
ZIEHEN	isḥab	إسحب
GEÖFFNET	maftūḥ	مفتوح
GESCHLOSSEN	muɣlaq	مغلق

DAMEN, FRAUEN	lis sayyidāt	للسيدات
HERREN, MÄNNER	lir riʒāl	للرجال
AUSVERKAUF	χaṣm	خصم
REDUZIERT	taχfīḍāt	تخفيضات
NEU!	ʒadīd!	جديد!
GRATIS	maʒʒānan	مجّانًا

ACHTUNG!	intibāh!	إنتباه!
ZIMMER BELEGT	kull al amākin maḥʒūza	كل الأماكن محجوزة
RESERVIERT	maḥʒūz	محجوز

| VERWALTUNG | idāra | إدارة |
| NUR FÜR PERSONAL | lil 'āmilīn faqaṭ | للعاملين فقط |

| VORSICHT BISSIGER HUND | iḥðar wuʒūd al kalb | إحذر وجود الكلب |

| RAUCHEN VERBOTEN! | mamnūʿ at tadχīn | ممنوع التدخين |
| BITTE NICHT BERÜHREN | 'adam al lams | عدم اللمس |

GEFÄHRLICH	χaṭīr	خطير
VORSICHT!	χaṭar	خطر
HOCHSPANNUNG	tayyār 'āli	تيّار عالي
BADEN VERBOTEN	as sibāḥa mamnū'a	السباحة ممنوعة
AUßER BETRIEB	mu'aṭṭal	معطّل
LEICHTENTZÜNDLICH	sarī' al iʃti'āl	سريع الإشتعال
VERBOTEN	mamnū'	ممنوع
DURCHGANG VERBOTEN	mamnū' al murūr	ممنوع المرور
FRISCH GESTRICHEN	iḥðar ṭilā' ɣayr ʒāff	إحذر طلاء غير جاف

31. Shopping

kaufen (vt)	iʃtara	إشترى
Einkauf (m)	ʃay' (m)	شيء
einkaufen gehen	iʃtara	إشترى
Einkaufen (n)	ʃubinɣ (m)	شوبينغ
offen sein (Laden)	maftūḥ	مفتوح
zu sein	muɣlaq	مغلق
Schuhe (pl)	aḥðiya (pl)	أحذية
Kleidung (f)	malābis (pl)	ملابس
Kosmetik (f)	mawādd at taʒmīl (pl)	مواد التجميل
Lebensmittel (pl)	ma'kūlāt (pl)	مأكولات
Geschenk (n)	hadiyya (f)	هديّة
Verkäufer (m)	bā'i' (m)	بائع
Verkäuferin (f)	bā'i'a (f)	بائعة
Kasse (f)	ṣundū' ad daf' (m)	صندوق الدفع
Spiegel (m)	mir'āt (f)	مرآة
Ladentisch (m)	minḍada (f)	منضدة
Umkleidekabine (f)	ɣurfat al qiyās (f)	غرفة القياس
anprobieren (vt)	ʒarrab	جرّب
passen (Schuhe, Kleid)	nāsab	ناسب
gefallen (vi)	a'ʒab	أعجب
Preis (m)	si'r (m)	سعر
Preisschild (n)	tikit as si'r (m)	تيكت السعر
kosten (vt)	kallaf	كلّف
Wie viel?	bikam?	بكم؟
Rabatt (m)	χaṣm (m)	خصم
preiswert	ɣayr ɣāli	غير غال
billig	raχīṣ	رخيص
teuer	ɣāli	غال
Das ist teuer	haða ɣāli	هذا غال
Verleih (m)	isti'ʒār (m)	إستئجار
leihen, mieten (ein Auto usw.)	ista'ʒar	إستأجر
Kredit (m), Darlehen (n)	i'timān (m)	إئتمان
auf Kredit	bid dayn	بالدين

T&P BOOKS

KLEIDUNG & ACCESSOIRES

32. Oberbekleidung. Mäntel
33. Herren- & Damenbekleidung
34. Kleidung. Unterwäsche
35. Kopfbekleidung
36. Schuhwerk
37. Persönliche Accessoires
38. Kleidung. Verschiedenes
39. Kosmetikartikel. Kosmetik
40. Armbanduhren Uhren

T&P Books Publishing

32. Oberbekleidung. Mäntel

Kleidung (f)	malābis (pl)	ملابس
Oberkleidung (f)	malābis fawqāniyya (pl)	ملابس فوقانيّة
Winterkleidung (f)	malābis ʃitawiyya (pl)	ملابس شتويّة
Mantel (m)	miʿṭaf (m)	معطف
Pelzmantel (m)	miʿṭaf farw (m)	معطف فرو
Pelzjacke (f)	ʒakīt farw (m)	جاكيت فرو
Daunenjacke (f)	ḥaʃiyyat rīʃ (m)	حشية ريش
Jacke (z.B. Lederjacke)	ʒākīt (m)	جاكيت
Regenmantel (m)	miʿṭaf lil maṭar (m)	معطف للمطر
wasserdicht	ṣāmid lil mā'	صامد للماء

33. Herren- & Damenbekleidung

Hemd (n)	qamīṣ (m)	قميص
Hose (f)	banṭalūn (m)	بنطلون
Jeans (pl)	ʒīnz (m)	جينز
Jackett (n)	sutra (f)	سترة
Anzug (m)	badla (f)	بدلة
Damenkleid (n)	fustān (m)	فستان
Rock (m)	tannūra (f)	تنّورة
Bluse (f)	blūza (f)	بلوزة
Strickjacke (f)	kardigān (m)	كارديجان
Jacke (Damen Kostüm)	ʒākīt (m)	جاكيت
T-Shirt (n)	ti ʃirt (m)	تي شيرت
Shorts (pl)	ʃūrt (m)	شورت
Sportanzug (m)	badlat at tadrīb (f)	بدلة التدريب
Bademantel (m)	θawb ḥammām (m)	ثوب حمّام
Schlafanzug (m)	biʒāma (f)	بيجاما
Sweater (m)	bulūvir (m)	بلوفر
Pullover (m)	bulūvir (m)	بلوفر
Weste (f)	ṣudayriy (m)	صديريّ
Frack (m)	badlat sahra (f)	بدلة سهرة
Smoking (m)	smūkin (m)	سموكن
Uniform (f)	zayy muwaḥḥad (m)	زي موحّد
Arbeitskleidung (f)	θiyāb al ʿamal (m)	ثياب العمل

| Overall (m) | uvirūl (m) | اوفرول |
| Kittel (z.B. Arztkittel) | θawb (m) | ثوب |

34. Kleidung. Unterwäsche

Unterwäsche (f)	malābis dāχiliyya (pl)	ملابس داخليّة
Herrenslip (m)	sirwāl dāχiliy riʒāliy (m)	سروال داخلي رجاليّ
Damenslip (m)	sirwāl dāχiliy nisā'iy (m)	سروال داخلي نسائيّ
Unterhemd (n)	qamīṣ bila aqmām (m)	قميص بلا أكمام
Socken (pl)	ʒawārib (pl)	جوارب

Nachthemd (n)	qamīṣ nawm (m)	قميص نوم
Büstenhalter (m)	ḥammālat ṣadr (f)	حمّالة صدر
Kniestrümpfe (pl)	ʒawārib ṭawīla (pl)	جوارب طويلة
Strumpfhose (f)	ʒawārib kulūn (pl)	جوارب كولون
Strümpfe (pl)	ʒawārib nisā'iyya (pl)	جوارب نسائية
Badeanzug (m)	libās sibāḥa (m)	لباس سباحة

35. Kopfbekleidung

Mütze (f)	qubbaʿa (f)	قبّعة
Filzhut (m)	burnayṭa (f)	برنيطة
Baseballkappe (f)	kāb baysbūl (m)	كاب بيسبول
Schiebermütze (f)	qubbaʿa musaṭṭaḥa (f)	قبّعة مسطحة

Baskenmütze (f)	birīḥ (m)	بيريه
Kapuze (f)	γiṭā' (m)	غطاء
Panamahut (m)	qubbaʿat banāma (f)	قبّعة بناما
Strickmütze (f)	qubbāʿa maḥbūka (m)	قبّعة محبوكة

| Kopftuch (n) | 'īʒārb (m) | إيشارب |
| Damenhut (m) | burnayṭa (f) | برنيطة |

Schutzhelm (m)	χūða (f)	خوذة
Feldmütze (f)	kāb (m)	كاب
Helm (z.B. Motorradhelm)	χūða (f)	خوذة

| Melone (f) | qubbaʿat dirbi (f) | قبّعة ديربي |
| Zylinder (m) | qubbaʿa ʿāliya (f) | قبّعة عالية |

36. Schuhwerk

Schuhe (pl)	aḥðiya (pl)	أحذية
Stiefeletten (pl)	ʒazma (f)	جزمة
Halbschuhe (pl)	ʒazma (f)	جزمة

Stiefel (pl)	būt (m)	بوت
Hausschuhe (pl)	ʃibʃib (m)	شبشب
Tennisschuhe (pl)	ḥiðā' riyāḍiy (m)	حذاء رياضيّ
Leinenschuhe (pl)	kutʃi (m)	كوتشي
Sandalen (pl)	ṣandal (pl)	صندل

Schuster (m)	iskāfiy (m)	إسكافيّ
Absatz (m)	ka'b (m)	كعب
Paar (n)	zawʒ (m)	زوج

Schnürsenkel (m)	ʃarīṭ (m)	شريط
schnüren (vt)	rabaṭ	ربط
Schuhlöffel (m)	labbāsat ḥiðā' (f)	لبّاسة حذاء
Schuhcreme (f)	warnīʃ al ḥiðā' (m)	ورنيش الحذاء

37. Persönliche Accessoires

Handschuhe (pl)	quffāz (m)	قفّاز
Fausthandschuhe (pl)	quffāz muɣlaq (m)	قفّاز مغلق
Schal (Kaschmir-)	ʃʒārb (m)	إيشارب

Brille (f)	naẓẓāra (f)	نظّارة
Brillengestell (n)	iṭār (m)	إطار
Regenschirm (m)	ʃamsiyya (f)	شمسيّة
Spazierstock (m)	'aṣa (f)	عصا
Haarbürste (f)	furʃat ʃa'r (f)	فرشة شعر
Fächer (m)	mirwaḥa yadawiyya (f)	مروحة يدويّة
Krawatte (f)	karavatta (f)	كرافتة
Fliege (f)	babyūn (m)	ببيون
Hosenträger (pl)	ḥammāla (f)	حمّالة
Taschentuch (n)	mandīl (m)	منديل

Kamm (m)	miʃṭ (m)	مشط
Haarspange (f)	dabbūs (m)	دبّوس
Haarnadel (f)	bansa (m)	بنسة
Schnalle (f)	bukla (f)	بكلة

| Gürtel (m) | ḥizām (m) | حزام |
| Umhängegurt (m) | ḥammalat al katf (f) | حمّالة الكتف |

Tasche (f)	ʃanṭa (f)	شنطة
Handtasche (f)	ʃanṭat yad (f)	شنطة يد
Rucksack (m)	ḥaqībat ẓahr (f)	حقيبة ظهر

38. Kleidung. Verschiedenes

| Mode (f) | mūḍa (f) | موضة |
| modisch | fil mūḍa | في الموضة |

Modedesigner (m)	muṣammim azyāʾ (m)	مصمّم أزياء
Kragen (m)	yāqa (f)	ياقة
Tasche (f)	ʒayb (m)	جيب
Taschen-	ʒayb	جيب
Ärmel (m)	kumm (m)	كمّ
Aufhänger (m)	ʿallāqa (f)	علّاقة
Hosenschlitz (m)	lisān (m)	لسان

Reißverschluss (m)	zimām munzaliq (m)	زمام منزلق
Verschluss (m)	miʃbak (m)	مشبك
Knopf (m)	zirr (m)	زرّ
Knopfloch (n)	ʿurwa (f)	عروة
abgehen (Knopf usw.)	waqaʿ	وقع

nähen (vi, vt)	χāṭ	خاط
sticken (vt)	ṭarraz	طرّز
Stickerei (f)	taṭrīz (m)	تطريز
Nadel (f)	ibra (f)	إبرة
Faden (m)	χayṭ (m)	خيط
Naht (f)	darz (m)	درز

sich beschmutzen	tawassaχ	توسّخ
Fleck (m)	buqʿa (f)	بقعة
sich knittern	takarmaʃ	تكرمش
zerreißen (vt)	qaṭṭaʿ	قطّع
Motte (f)	ʿuθθa (f)	عثّة

39. Kosmetikartikel. Kosmetik

Zahnpasta (f)	maʿʒūn asnān (m)	معجون أسنان
Zahnbürste (f)	furʃat asnān (f)	فرشة أسنان
Zähne putzen	naẓẓaf al asnān	نظّف الأسنان

Rasierer (m)	mūs ḥilāqa (m)	موس حلاقة
Rasiercreme (f)	krīm ḥilāqa (m)	كريم حلاقة
sich rasieren	ḥalaq	حلق

Seife (f)	ṣābūn (m)	صابون
Shampoo (n)	ʃāmbū (m)	شامبو

Schere (f)	maqaṣṣ (m)	مقصّ
Nagelfeile (f)	mibrad (m)	مبرد
Nagelzange (f)	milqaṭ (m)	ملقط
Pinzette (f)	milqaṭ (m)	ملقط

Kosmetik (f)	mawādd at taʒmīl (pl)	موادّ التجميل
Gesichtsmaske (f)	mask (m)	ماسك
Maniküre (f)	manikūr (m)	مانيكور
Maniküre machen	ʿamal manikūr	عمل مانيكور
Pediküre (f)	badikīr (m)	باديكير

Kosmetiktasche (f)	ḥaqībat adawāt at taʒmīl (f)	حقيبة أدوات التجميل
Puder (m)	budrat waʒh (f)	بودرة وجه
Puderdose (f)	ʿulbat būdra (f)	علبة بودرة
Rouge (n)	aḥmar xudūd (m)	أحمر خدود

Parfüm (n)	ʿiṭr (m)	عطر
Duftwasser (n)	kulūnya (f)	كولونيا
Lotion (f)	lusiyun (m)	لوسيون
Kölnischwasser (n)	kulūniya (f)	كولونيا

Lidschatten (m)	ay ʃaduw (m)	اي شادو
Kajalstift (m)	kuḥl al ʿuyūn (m)	كحل العيون
Wimperntusche (f)	maskara (f)	ماسكارا

Lippenstift (m)	aḥmar ʃifāh (m)	أحمر شفاه
Nagellack (m)	mulammiʿ al azāfir (m)	ملمّع الأظافر
Haarlack (m)	muθabbit aʃ ʃaʿr (m)	مثبّت الشعر
Deodorant (n)	muzīl rawāʾiḥ (m)	مزيل روائح

Creme (f)	krīm (m)	كريم
Gesichtscreme (f)	krīm lil waʒh (m)	كريم للوجه
Handcreme (f)	krīm lil yadayn (m)	كريم لليدين
Anti-Falten-Creme (f)	krīm muḍādd lit taʒāʿīd (m)	كريم مضادّ للتجاعيد
Tagescreme (f)	krīm an nahār (m)	كريم النهار
Nachtcreme (f)	krīm al layl (m)	كريم الليل
Tages-	nahāriy	نهاريّ
Nacht-	layliy	ليلي

Tampon (m)	tambūn (m)	تانبون
Toilettenpapier (n)	waraq ḥammām (m)	ورق حمّام
Föhn (m)	muʒaffif ʃaʿr (m)	مجفّف شعر

40. Armbanduhren Uhren

Armbanduhr (f)	sāʿa (f)	ساعة
Zifferblatt (n)	waʒh as sāʿa (m)	وجه الساعة
Zeiger (m)	ʿaqrab as sāʿa (m)	عقرب الساعة
Metallarmband (n)	siwār sāʿa maʿdaniyya (m)	سوار ساعة معدنية
Uhrenarmband (n)	siwār sāʿa (m)	سوار ساعة

Batterie (f)	baṭṭāriyya (f)	بطّاريّة
verbraucht sein	tafarraɣ	تفرّغ
die Batterie wechseln	ɣayyar al baṭṭāriyya	غيّر البطّاريّة
vorgehen (vi)	sabaq	سبق
nachgehen (vi)	taʾaxxar	تأخّر

Wanduhr (f)	sāʿat ḥāʾiṭ (f)	ساعة حائط
Sanduhr (f)	sāʿa ramliyya (f)	ساعة رمليّة
Sonnenuhr (f)	sāʿa ʃamsiyya (f)	ساعة شمسيّة
Wecker (m)	munabbih (m)	منبّه

| Uhrmacher (m) | sa'ātiy (m) | ساعاتيَ |
| reparieren (vt) | aṣlaḥ | أصلح |

T&P BOOKS

ALLTAGSERFAHRUNG

41. Geld
42. Post. Postdienst
43. Bankgeschäft
44. Telefon. Telefongespräche
45. Mobiltelefon
46. Bürobedarf
47. Fremdsprachen

T&P Books Publishing

41. Geld

Geld (n)	nuqūd (pl)	نقود
Austausch (m)	taḥwīl ʿumla (m)	تحويل عملة
Kurs (m)	siʿr aṣ ṣarf (m)	سعر الصرف
Geldautomat (m)	ṣarrāf ʾāliy (m)	صرّاف آليّ
Münze (f)	qiṭʿa naqdiyya (f)	قطعة نقديّة
Dollar (m)	dulār (m)	دولار
Euro (m)	yuru (m)	يورو
Lira (f)	lira iṭāliyya (f)	ليرة إيطالية
Mark (f)	mark almāniy (m)	مارك ألماني
Franken (m)	frank (m)	فرنك
Pfund Sterling (n)	ʒunayh istirlīniy (m)	جنيه استرليني
Yen (m)	yīn (m)	ين
Schulden (pl)	dayn (m)	دين
Schuldner (m)	mudīn (m)	مدين
leihen (vt)	sallaf	سلّف
leihen, borgen (Geld usw.)	istalaf	إستلف
Bank (f)	bank (m)	بنك
Konto (n)	ḥisāb (m)	حساب
einzahlen (vt)	awdaʿ	أودع
auf ein Konto einzahlen	awdaʿ fil ḥisāb	أودع في الحساب
abheben (vt)	saḥab min al ḥisāb	سحب من الحساب
Kreditkarte (f)	biṭāqat iʾtimān (f)	بطاقة إئتمان
Bargeld (n)	nuqūd (pl)	نقود
Scheck (m)	ʃīk (m)	شيك
einen Scheck schreiben	katab ʃīk	كتب شيكًا
Scheckbuch (n)	daftar ʃīkāt (m)	دفتر شيكات
Geldtasche (f)	maḥfaẓat ʒīb (f)	محفظة جيب
Geldbeutel (m)	maḥfaẓat fakka (f)	محفظة فكّة
Safe (m)	χizāna (f)	خزانة
Erbe (m)	wāris (m)	وارث
Erbschaft (f)	wirāθa (f)	وراثة
Vermögen (n)	θarwa (f)	ثروة
Pacht (f)	ʾīʒār (m)	إيجار
Miete (f)	uʒrat as sakan (f)	أجرة السكن
mieten (vt)	istaʾʒar	إستأجر
Preis (m)	siʿr (m)	سعر

| Kosten (pl) | θaman (m) | ثمن |
| Summe (f) | mablaγ (m) | مبلغ |

ausgeben (vt)	ṣaraf	صرف
Ausgaben (pl)	maṣārīf (pl)	مصاريف
sparen (vt)	waffar	وفّر
sparsam	muwaffir	موفّر

zahlen (vt)	dafaʿ	دفع
Lohn (m)	dafʿ (m)	دفع
Wechselgeld (n)	al bāqi (m)	الباقي

Steuer (f)	ḍarība (f)	ضريبة
Geldstrafe (f)	γarāma (f)	غرامة
bestrafen (vt)	faraḍ γarāma	فرض غرامة

42. Post. Postdienst

Post (Postamt)	maktab al barīd (m)	مكتب البريد
Post (Postsendungen)	al barīd (m)	البريد
Briefträger (m)	sāʿi al barīd (m)	ساعي البريد
Öffnungszeiten (pl)	awqāt al ʿamal (pl)	أوقات العمل

Brief (m)	risāla (f)	رسالة
Einschreibebrief (m)	risāla musaǧǧala (f)	رسالة مسجّلة
Postkarte (f)	biṭāqa barīdiyya (f)	بطاقة بريديّة
Telegramm (n)	barqiyya (f)	برقيّة
Postpaket (n)	ṭard (m)	طرد
Geldanweisung (f)	ḥawāla māliyya (f)	حوالة ماليّة

bekommen (vt)	istalam	إستلم
abschicken (vt)	arsal	أرسل
Absendung (f)	irsāl (m)	إرسال
Postanschrift (f)	ʿunwān (m)	عنوان
Postleitzahl (f)	raqm al barīd (m)	رقم البريد
Absender (m)	mursil (m)	مرسل
Empfänger (m)	mursal ilayh (m)	مرسل إليه

| Vorname (m) | ism (m) | إسم |
| Nachname (m) | ism al ʿāʾila (m) | إسم العائلة |

Tarif (m)	taʿrīfa (f)	تعريفة
Standard- (Tarif)	ʿādiy	عاديّ
Spar- (-tarif)	muwaffir	موفّر

Gewicht (n)	wazn (m)	وزن
abwiegen (vt)	wazan	وزن
Briefumschlag (m)	ẓarf (m)	ظرف
Briefmarke (f)	ṭābiʿ (m)	طابع
Briefmarke aufkleben	alṣaq ṭābiʿ	ألصق طابعا

43. Bankgeschäft

Bank (f)	bank (m)	بنك
Filiale (f)	farʿ (m)	فرع
Berater (m)	muwaẓẓaf bank (m)	موظّف بنك
Leiter (m)	mudīr (m)	مدير
Konto (n)	ḥisāb (m)	حساب
Kontonummer (f)	raqm al ḥisāb (m)	رقم الحساب
Kontokorrent (n)	ḥisāb ȝāri (m)	حساب جار
Sparkonto (n)	ḥisāb tawfīr (m)	حساب توفير
ein Konto eröffnen	fataḥ ḥisāb	فتح حسابا
das Konto schließen	aɣlaq ḥisāb	أغلق حسابا
einzahlen (vt)	awdaʿ fil ḥisāb	أودع في الحساب
abheben (vt)	saḥab min al ḥisāb	سحب من الحساب
Einzahlung (f)	wadīʿa (f)	وديعة
eine Einzahlung machen	awdaʿ	أودع
Überweisung (f)	ḥawāla (f)	حوالة
überweisen (vt)	ḥawwal	حوّل
Summe (f)	mablaɣ (m)	مبلغ
Wieviel?	kam?	كم؟
Unterschrift (f)	tawqīʿ (m)	توقيع
unterschreiben (vt)	waqqaʿ	وقّع
Kreditkarte (f)	biṭāqat iʾtimān (f)	بطاقة ائتمان
Code (m)	kūd (m)	كود
Kreditkartennummer (f)	raqm biṭāqat iʾtimān (m)	رقم بطاقة إئتمان
Geldautomat (m)	ṣarrāf ʾāliy (m)	صرّاف آليّ
Scheck (m)	ʃīk (m)	شيك
einen Scheck schreiben	katab ʃīk	كتب شيكًا
Scheckbuch (n)	daftar ʃīkāt (m)	دفتر شيكات
Darlehen (m)	qarḍ (m)	قرض
ein Darlehen beantragen	qaddam ṭalab lil ḥuṣūl ʿala qarḍ	قدّم طلبا للحصول على قرض
ein Darlehen aufnehmen	ḥaṣal ʿala qarḍ	حصل على قرض
ein Darlehen geben	qaddam qarḍ	قدّم قرضا
Sicherheit (f)	ḍamān (m)	ضمان

44. Telefon. Telefongespräche

Telefon (n)	hātif (m)	هاتف
Mobiltelefon (n)	hātif maḥmūl (m)	هاتف محمول

Anrufbeantworter (m)	muӡīb al hātif (m)	مجيب الهاتف
anrufen (vt)	ittaṣal	إتّصل
Anruf (m)	mukālama tilifuniyya (f)	مكالمة تليفونية

eine Nummer wählen	ittaṣal bi raqm	إتّصل برقم
Hallo!	alu!	ألو!
fragen (vt)	sa'al	سأل
antworten (vi)	radd	ردّ

hören (vt)	sami'	سمع
gut (~ aussehen)	ӡayyidan	جيّداً
schlecht (Adv)	sayyi'an	سيّئاً
Störungen (pl)	taʃwīʃ (m)	تشويش

Hörer (m)	sammā'a (f)	سمّاعة
den Hörer abnehmen	rafaʻ as sammā'a	رفع السمّاعة
auflegen (den Hörer ~)	qafal as sammā'a	قفل السمّاعة

besetzt	maʃɣūl	مشغول
läuten (vi)	rann	رنّ
Telefonbuch (n)	dalīl at tilifūn (m)	دليل التليفون

Orts-	maḥalliyya	ة محليّة
Ortsgespräch (n)	mukālama hātifiyya maḥalliyya (f)	مكالمة هاتفيّة محليّة
Auslands-	duwaliy	دوليّ
Auslandsgespräch (n)	mukālama duwaliyya (f)	مكالمة دوليّة
Fern-	ba'īd al mada	بعيد المدى
Ferngespräch (n)	mukālama ba'īdat al mada (f)	مكالمة بعيدة المدى

45. Mobiltelefon

Mobiltelefon (n)	hātif maḥmūl (m)	هاتف محمول
Display (n)	ӡihāz 'arḍ (m)	جهاز عرض
Knopf (m)	zirr (m)	زرّ
SIM-Karte (f)	sim kart (m)	سيم كارت

Batterie (f)	battāriyya (f)	بطاريّة
leer sein (Batterie)	xalaṣat	خلصت
Ladegerät (n)	ʃāḥin (m)	شاحن

Menü (n)	qā'ima (f)	قائمة
Einstellungen (pl)	awḍā' (pl)	أوضاع
Melodie (f)	naɣma (f)	نغمة
auswählen (vt)	ixtār	إختار

Rechner (m)	'āla ḥāsiba (f)	آلة حاسبة
Anrufbeantworter (m)	barīd ṣawtiy (m)	بريد صوتيّ
Wecker (m)	munabbih (m)	منبّه

Kontakte (pl)	ʒihāt al ittiṣāl (pl)	جهات الإتصال
SMS-Nachricht (f)	risāla qaṣīra ɛsɛmɛs (f)	sms رسالة قصيرة
Teilnehmer (m)	muʃtarik (m)	مشترك

46. Bürobedarf

| Kugelschreiber (m) | qalam ʒāf (m) | قلم جاف |
| Federhalter (m) | qalam rīʃa (m) | قلم ريشة |

Bleistift (m)	qalam ruṣāṣ (m)	قلم رصاص
Faserschreiber (m)	markir (m)	ماركر
Filzstift (m)	qalam χaṭṭāṭ (m)	قلم خطاط

| Notizblock (m) | muðakkira (f) | مذكّرة |
| Terminkalender (m) | ʒadwal al aʿmāl (m) | جدول الأعمال |

Lineal (n)	masṭara (f)	مسطرة
Rechner (m)	'āla ḥāsiba (f)	آلة حاسبة
Radiergummi (m)	astīka (f)	استيكة
Reißzwecke (f)	dabbūs (m)	دبّوس
Heftklammer (f)	dabbūs waraq (m)	دبّوس ورق

Klebstoff (m)	ṣamɣ (m)	صمغ
Hefter (m)	dabbāsa (f)	دبّاسة
Locher (m)	χarrāma (m)	خرّامة
Bleistiftspitzer (m)	mibrāt (f)	مبراة

47. Fremdsprachen

Sprache (f)	luɣa (f)	لغة
Fremd-	aʒnabiy	أجنبيّ
Fremdsprache (f)	luɣa aʒnabiyya (f)	لغة أجنبيّة
studieren (z.B. Jura ~)	daras	درس
lernen (Englisch ~)	taʿallam	تعلّم

lesen (vi, vt)	qara'	قرأ
sprechen (vi, vt)	takallam	تكلّم
verstehen (vt)	fahim	فهم
schreiben (vi, vt)	katab	كتب

schnell (Adv)	bi surʿa	بسرعة
langsam (Adv)	bi buṭ'	ببطء
fließend (Adv)	bi ṭalāqa	بطلاقة

Regeln (pl)	qawāʿid (pl)	قواعد
Grammatik (f)	an naḥw waṣ ṣarf (m)	النحو والصرف
Vokabular (n)	mufradāt al luɣa (pl)	مفردات اللغة
Phonetik (f)	ṣawtīyyāt (pl)	صوتيّات

Lehrbuch (n)	kitāb ta'līm (m)	كتاب تعليم
Wörterbuch (n)	qāmūs (m)	قاموس
Selbstlernbuch (n)	kitāb ta'līm ðātiy (m)	كتاب تعليم ذاتيّ
Sprachführer (m)	kitāb lil 'ibārāt aʃʃā'i'a (m)	كتاب للعبارت الشائعة
Kassette (f)	ʃarīṭ (m)	شريط
Videokassette (f)	ʃarīṭ vidiyu (m)	شريط فيديو
CD (f)	si di (m)	سي دي
DVD (f)	di vi di (m)	دي في دي
Alphabet (n)	alifbā' (m)	الفباء
buchstabieren (vt)	tahaʒʒa	تهجّى
Aussprache (f)	nuṭq (m)	نطق
Akzent (m)	lukna (f)	لكنة
mit Akzent	bi lukna	بلكنة
ohne Akzent	bi dūn lukna	بدون لكنة
Wort (n)	kalima (f)	كلمة
Bedeutung (f)	ma'na (m)	معنى
Kurse (pl)	dawra (f)	دورة
sich einschreiben	saʒʒal ismahu	سجّل إسمه
Lehrer (m)	mudarris (m)	مدرّس
Übertragung (f)	tarʒama (f)	ترجمة
Übersetzung (f)	tarʒama (f)	ترجمة
Übersetzer (m)	mutarʒim (m)	مترجم
Dolmetscher (m)	mutarʒim fawriy (m)	مترجم فوريّ
Polyglott (m, f)	'alīm bi 'iddat luɣāt (m)	عليم بعدّة لغات
Gedächtnis (n)	ðākira (f)	ذاكرة

T&P BOOKS

MAHLZEITEN.
RESTAURANT

48. Gedeck
49. Restaurant
50. Mahlzeiten
51. Gerichte
52. Essen
53. Getränke
54. Gemüse
55. Obst. Nüsse
56. Brot. Süßigkeiten
57. Gewürze

T&P Books Publishing

48. Gedeck

Löffel (m)	mil'aqa (f)	ملعقة
Messer (n)	sikkīn (m)	سكّين
Gabel (f)	ʃawka (f)	شوكة

Tasse (eine ~ Tee)	finȝān (m)	فنجان
Teller (m)	ṭabaq (m)	طبق
Untertasse (f)	ṭabaq finȝān (m)	طبق فنجان
Serviette (f)	mandīl (m)	منديل
Zahnstocher (m)	xallat asnān (f)	خلة أسنان

49. Restaurant

Restaurant (n)	maṭ'am (m)	مطعم
Kaffeehaus (n)	kafé (m), maqha (m)	كافيه، مقهى
Bar (f)	bār (m)	بار
Teesalon (m)	ṣālun ʃāy (m)	صالون شاي

Kellner (m)	nādil (m)	نادل
Kellnerin (f)	nādila (f)	نادلة
Barmixer (m)	bārman (m)	بارمان
Speisekarte (f)	qāʾimat aṭ ṭa'ām (f)	قائمة طعام
Weinkarte (f)	qāʾimat al xumūr (f)	قائمة خمور
einen Tisch reservieren	ḥaȝaz māʾida	حجز مائدة
Gericht (n)	waȝba (f)	وجبة
bestellen (vt)	ṭalab	طلب
eine Bestellung aufgeben	ṭalab	طلب

Aperitif (m)	ʃarāb (m)	شراب
Vorspeise (f)	muqabbilāt (pl)	مقبّلات
Nachtisch (m)	ḥalawiyyāt (pl)	حلويات

Rechnung (f)	ḥisāb (m)	حساب
Rechnung bezahlen	dafa' al ḥisāb	دفع الحساب
das Wechselgeld geben	a'ṭa al bāqi	أعطى الباقي
Trinkgeld (n)	baqʃīʃ (m)	بقشيش

50. Mahlzeiten

| Essen (n) | akl (m) | أكل |
| essen (vi, vt) | akal | أكل |

Frühstück (n)	fuṭūr (m)	فطور
frühstücken (vi)	afṭar	أفطر
Mittagessen (n)	ɣadā' (m)	غداء
zu Mittag essen	taɣadda	تغدّى
Abendessen (n)	'aʃā' (m)	عشاء
zu Abend essen	ta'aʃʃa	تعشّى
Appetit (m)	ʃahiyya (f)	شهيّة
Guten Appetit!	hanī'an marī'an!	هنيئًا مريئًا!
öffnen (vt)	fataḥ	فتح
verschütten (vt)	dalaq	دلق
verschüttet werden	indalaq	إندلق
kochen (vi)	ɣala	غلى
kochen (Wasser ~)	ɣala	غلى
gekocht (Adj)	maɣliy	مغليّ
kühlen (vt)	barrad	برّد
abkühlen (vi)	tabarrad	تبرّد
Geschmack (m)	ṭa'm (m)	طعم
Beigeschmack (m)	al maðāq al 'āliq fil fam (m)	المذاق العالق فى الفم
auf Diät sein	faqad al wazn	فقد الوزن
Diät (f)	ḥimya ɣaðā'iyya (f)	حمية غذائية
Vitamin (n)	vitamīn (m)	فيتامين
Kalorie (f)	su'ra ḥarāriyya (f)	سعرة حراريّة
Vegetarier (m)	nabātiy (m)	نباتيّ
vegetarisch (Adj)	nabātiy	نباتيّ
Fett (n)	duhūn (pl)	دهون
Protein (n)	brutīnāt (pl)	بروتينات
Kohlenhydrat (n)	naʃawiyyāt (pl)	نشويّات
Scheibchen (n)	ʃarīḥa (f)	شريحة
Stück (ein ~ Kuchen)	qiṭ'a (f)	قطعة
Krümel (m)	futāta (f)	فتاتة

51. Gerichte

Gericht (n)	waʒba (f)	وجبة
Küche (f)	maṭbax (m)	مطبخ
Rezept (n)	waṣfa (f)	وصفة
Portion (f)	waʒba (f)	وجبة
Salat (m)	sulṭa (f)	سلطة
Suppe (f)	ʃūrba (f)	شوربة
Brühe (f), Bouillon (f)	maraq (m)	مرق
belegtes Brot (n)	sandawitʃ (m)	ساندويتش
Spiegelei (n)	bayḍ maqliy (m)	بيض مقليّ

Hamburger (m)	hamburger (m)	هامبورجر
Beefsteak (n)	biftīk (m)	بفتيك
Beilage (f)	ṭabaq ȝānibiy (m)	طبق جانبيّ
Spaghetti (pl)	spaɣitti (m)	سباغيتي
Kartoffelpüree (n)	harīs baṭāṭis (m)	هريس بطاطس
Pizza (f)	bītza (f)	بيتزا
Brei (m)	ʿaṣīda (f)	عصيدة
Omelett (n)	bayḍ maxfūq (m)	بيض مخفوق
gekocht	maslūq	مسلوق
geräuchert	mudaxxin	مدخّن
gebraten	maqliy	مقليّ
getrocknet	muȝaffaf	مجفّف
tiefgekühlt	muȝammad	مجمّد
mariniert	muxallil	مخلل
süß	musakkar	مسكّر
salzig	māliḥ	مالح
kalt	bārid	بارد
heiß	sāxin	ساخن
bitter	murr	مرّ
lecker	laðīð	لذيذ
kochen (vt)	ṭabax	طبخ
zubereiten (vt)	ḥaḍḍar	حضّر
braten (vt)	qala	قلي
aufwärmen (vt)	saxxan	سخّن
salzen (vt)	mallaḥ	ملّح
pfeffern (vt)	falfal	فلفل
reiben (vt)	baʃar	بشر
Schale (f)	qiʃra (f)	قشرة
schälen (vt)	qaʃʃar	قشّر

52. Essen

Fleisch (n)	laḥm (m)	لحم
Hühnerfleisch (n)	daȝāȝ (m)	دجاج
Küken (n)	farrūȝ (m)	فروج
Ente (f)	baṭṭa (f)	بطّة
Gans (f)	iwazza (f)	إوزّة
Wild (n)	ṣayd (m)	صيد
Pute (f)	daȝāȝ rūmiy (m)	دجاج رومي
Schweinefleisch (n)	laḥm al xinzīr (m)	لحم الخنزير
Kalbfleisch (n)	laḥm il ʿiȝl (m)	لحم العجل
Hammelfleisch (n)	laḥm aḍ ḍa'n (m)	لحم الضأن
Rindfleisch (n)	laḥm al baqar (m)	لحم البقر
Kaninchenfleisch (n)	arnab (m)	أرنب

Wurst (f)	suʒuq (m)	سجق
Würstchen (n)	suʒuq (m)	سجق
Schinkenspeck (m)	bikūn (m)	بيكون
Schinken (m)	hām (m)	هام
Räucherschinken (m)	faχð χinzīr (m)	فخذ خنزير
Pastete (f)	ma'ʒūn laḥm (m)	معجون لحم
Leber (f)	kibda (f)	كبدة
Hackfleisch (n)	ḥaʃwa (f)	حشوة
Zunge (f)	lisān (m)	لسان
Ei (n)	bayḍa (f)	بيضة
Eier (pl)	bayḍ (m)	بيض
Eiweiß (n)	bayāḍ al bayḍ (m)	بياض البيض
Eigelb (n)	ṣafār al bayḍ (m)	صفار البيض
Fisch (m)	samak (m)	سمك
Meeresfrüchte (pl)	fawākih al baḥr (pl)	فواكه البحر
Kaviar (m)	kaviyār (m)	كافيار
Krabbe (f)	salṭa'ūn (m)	سلطعون
Garnele (f)	ʒambari (m)	جمبري
Auster (f)	maḥār (m)	محار
Languste (f)	karkand ʃāik (m)	كركند شائك
Krake (m)	uχṭubūṭ (m)	أخطبوط
Kalmar (m)	kalmāri (m)	كالماري
Störfleisch (n)	samak al ḥaʃʃ (m)	سمك الحفش
Lachs (m)	salmūn (m)	سلمون
Heilbutt (m)	samak al halbūt (m)	سمك الهلبوت
Dorsch (m)	samak al qudd (m)	سمك القدّ
Makrele (f)	usqumriy (m)	أسقمريّ
Tunfisch (m)	tūna (f)	تونة
Aal (m)	ḥankalīs (m)	حنكليس
Forelle (f)	salmūn muraqqaṭ (m)	سلمون مرقّط
Sardine (f)	sardīn (m)	سردين
Hecht (m)	samak al karāki (m)	سمك الكراكي
Hering (m)	rinʒa (f)	رنجة
Brot (n)	χubz (m)	خبز
Käse (m)	ʒubna (f)	جبنة
Zucker (m)	sukkar (m)	سكّر
Salz (n)	milḥ (m)	ملح
Reis (m)	urz (m)	أرز
Teigwaren (pl)	makarūna (f)	مكرونة
Nudeln (pl)	nūdlis (f)	نودلز
Butter (f)	zubda (f)	زبدة
Pflanzenöl (n)	zayt (m)	زيت

| Sonnenblumenöl (n) | zayt ʿabīd aʃ ʃams (m) | زيت عبيد الشمس |
| Margarine (f) | marɣarīn (m) | مرغرين |

| Oliven (pl) | zaytūn (m) | زيتون |
| Olivenöl (n) | zayt az zaytūn (m) | زيت الزيتون |

Milch (f)	ḥalīb (m)	حليب
Kondensmilch (f)	ḥalīb mukaθθaf (m)	حليب مكثف
Joghurt (m)	yūɣurt (m)	يوغورت
saure Sahne (f)	krīma ḥāmiḍa (f)	كريمة حامضة
Sahne (f)	krīma (f)	كريمة

| Mayonnaise (f) | mayunīz (m) | مايونيز |
| Buttercreme (f) | krīmat zubda (f) | كريمة زبدة |

Grütze (f)	ḥubūb (pl)	حبوب
Mehl (n)	daqīq (m)	دقيق
Konserven (pl)	muʿallabāt (pl)	معلّبات

Maisflocken (pl)	kurn fliks (m)	كورن فليكس
Honig (m)	ʿasal (m)	عسل
Marmelade (f)	murabba (m)	مربّى
Kaugummi (m, n)	ʿilk (m)	علك

53. Getränke

Wasser (n)	māʾ (m)	ماء
Trinkwasser (n)	māʾ ʃurb (m)	ماء شرب
Mineralwasser (n)	māʾ maʿdaniy (m)	ماء معدنيّ

still	bi dūn ɣāz	بدون غاز
mit Kohlensäure	mukarban	مكربن
mit Gas	bil ɣāz	بالغاز
Eis (n)	θalʒ (m)	ثلج
mit Eis	biθ θalʒ	بالثلج

alkoholfrei (Adj)	bi dūn kuḥūl	بدون كحول
alkoholfreies Getränk (n)	maʃrūb ɣāziy (m)	مشروب غازي
Erfrischungsgetränk (n)	maʃrūb muθallaʒ (m)	مشروب مثلج
Limonade (f)	ʃarāb laymūn (m)	شراب ليمون

Spirituosen (pl)	maʃrūbāt kuḥūliyya (pl)	مشروبات كحوليّة
Wein (m)	nabīð (f)	نبيذ
Weißwein (m)	nibīð abyaḍ (m)	نبيذ أبيض
Rotwein (m)	nabīð aḥmar (m)	نبيذ أحمر

Likör (m)	liqiūr (m)	ليكيور
Champagner (m)	ʃambāniya (f)	شمبانيا
Wermut (m)	virmut (m)	فيرموث
Whisky (m)	wiski (m)	وسكي

Wodka (m)	vudka (f)	فودكا
Gin (m)	ʒīn (m)	جين
Kognak (m)	kunyāk (m)	كونياك
Rum (m)	rum (m)	رم
Kaffee (m)	qahwa (f)	قهوة
schwarzer Kaffee (m)	qahwa sāda (f)	قهوة سادة
Milchkaffee (m)	qahwa bil ḥalīb (f)	قهوة بالحليب
Cappuccino (m)	kaputʃīnu (m)	كابتشينو
Pulverkaffee (m)	niskafi (m)	نيسكافيه
Milch (f)	ḥalīb (m)	حليب
Cocktail (m)	kuktayl (m)	كوكتيل
Milchcocktail (m)	milk ʃiyk (m)	ميلك شيك
Saft (m)	ʻaṣīr (m)	عصير
Tomatensaft (m)	ʻaṣīr ṭamāṭim (m)	عصير طماطم
Orangensaft (m)	ʻaṣīr burtuqāl (m)	عصير برتقال
frisch gepresster Saft (m)	ʻaṣīr ṭāziʒ (m)	عصير طازج
Bier (n)	bīra (f)	بيرة
Helles (n)	bīra xafīfa (f)	بيرة خفيفة
Dunkelbier (n)	bīra ɣāmiqa (f)	بيرة غامقة
Tee (m)	ʃāy (m)	شاي
schwarzer Tee (m)	ʃāy aswad (m)	شاي أسود
grüner Tee (m)	ʃāy axḍar (m)	شاي أخضر

54. Gemüse

Gemüse (n)	xuḍār (pl)	خضار
grünes Gemüse (pl)	xuḍrawāt waraqiyya (pl)	خضروات ورقيّة
Tomate (f)	ṭamāṭim (f)	طماطم
Gurke (f)	xiyār (m)	خيار
Karotte (f)	ʒazar (m)	جزر
Kartoffel (f)	baṭāṭis (f)	بطاطس
Zwiebel (f)	baṣal (m)	بصل
Knoblauch (m)	θūm (m)	ثوم
Kohl (m)	kurumb (m)	كرنب
Blumenkohl (m)	qarnabīṭ (m)	قرنبيط
Rosenkohl (m)	kurumb brūksil (m)	كرنب بروكسل
Brokkoli (m)	brukuli (m)	بركولي
Rote Bete (f)	banʒar (m)	بنجر
Aubergine (f)	bātinʒān (m)	باذنجان
Zucchini (f)	kūsa (f)	كوسة
Kürbis (m)	qarʻ (m)	قرع
Rübe (f)	lift (m)	لفت

Petersilie (f)	baqdūnis (m)	بقدونس
Dill (m)	ʃabat (m)	شبت
Kopf Salat (m)	χass (m)	خسّ
Sellerie (m)	karafs (m)	كرفس
Spargel (m)	halyūn (m)	هليون
Spinat (m)	sabāniχ (m)	سبانخ
Erbse (f)	bisilla (f)	بسلة
Bohnen (pl)	fūl (m)	فول
Mais (m)	ðura (f)	ذرّة
weiße Bohne (f)	faṣūliya (f)	فاصوليا
Paprika (m)	filfil (m)	فلفل
Radieschen (n)	fiʒl (m)	فجل
Artischocke (f)	χurʃūf (m)	خرشوف

55. Obst. Nüsse

Frucht (f)	fākiha (f)	فاكهة
Apfel (m)	tuffāḥa (f)	تفّاحة
Birne (f)	kummaθra (f)	كمّثرى
Zitrone (f)	laymūn (m)	ليمون
Apfelsine (f)	burtuqāl (m)	برتقال
Erdbeere (f)	farawla (f)	فراولة
Mandarine (f)	yūsufiy (m)	يوسفي
Pflaume (f)	barqūq (m)	برقوق
Pfirsich (m)	durrāq (m)	دراق
Aprikose (f)	miʃmiʃ (m)	مشمش
Himbeere (f)	tūt al ʻullayq al aḥmar (m)	توت العلّيق الأحمر
Ananas (f)	ananās (m)	أناناس
Banane (f)	mawz (m)	موز
Wassermelone (f)	baṭṭīχ aḥmar (m)	بطّيخ أحمر
Weintrauben (pl)	ʻinab (m)	عنب
Kirsche (f)	karaz (m)	كرز
Melone (f)	baṭṭīχ aṣfar (f)	بطّيخ أصفر
Grapefruit (f)	zinbāʻ (m)	زنباع
Avocado (f)	avukādu (f)	افوكاتو
Papaya (f)	babāya (m)	بابايا
Mango (f)	mangu (m)	مانجو
Granatapfel (m)	rummān (m)	رمان
rote Johannisbeere (f)	kiʃmiʃ aḥmar (m)	كشمش أحمر
schwarze Johannisbeere (f)	ʻinab aθ θaʻlab al aswad (m)	عنب الثعلب الأسود
Stachelbeere (f)	ʻinab aθ θaʻlab (m)	عنب الثعلب
Heidelbeere (f)	ʻinab al aḥrāʒ (m)	عنب الأحراج
Brombeere (f)	θamar al ʻullayk (m)	ثمر العلّيق

Rosinen (pl)	zabīb (m)	زبيب
Feige (f)	tīn (m)	تين
Dattel (f)	tamr (m)	تمر

Erdnuss (f)	fūl sudāniy (m)	فول سودانيّ
Mandel (f)	lawz (m)	لوز
Walnuss (f)	ʿayn al ʒamal (f)	عين الجمل
Haselnuss (f)	bunduq (m)	بندق
Kokosnuss (f)	ʒawz al hind (m)	جوز هند
Pistazien (pl)	fustuq (m)	فستق

56. Brot. Süßigkeiten

Konditorwaren (pl)	ḥalawiyyāt (pl)	حلويّات
Brot (n)	xubz (m)	خبز
Keks (m, n)	baskawīt (m)	بسكويت

Schokolade (f)	ʃukulāta (f)	شكولاتة
Schokoladen-	biʃ ʃukulāta	بالشكولاتة
Bonbon (m, n)	bumbūn (m)	بونبون
Kuchen (m)	kaʿk (m)	كعك
Torte (f)	tūrta (f)	تورتة

| Kuchen (Apfel-) | faṭīra (f) | فطيرة |
| Füllung (f) | ḥaʃwa (f) | حشوة |

Konfitüre (f)	murabba (m)	مربّى
Marmelade (f)	marmalād (f)	مرملاد
Waffeln (pl)	wāfil (m)	وافل
Eis (n)	muθallaʒāt (pl)	مثلّجات
Pudding (m)	būding (m)	بودنج

57. Gewürze

Salz (n)	milḥ (m)	ملح
salzig (Adj)	māliḥ	مالح
salzen (vt)	mallaḥ	ملّح

schwarzer Pfeffer (m)	filfil aswad (m)	فلفل أسود
roter Pfeffer (m)	filfil aḥmar (m)	فلفل أحمر
Senf (m)	ṣalṣat al xardal (f)	صلصة الخردل
Meerrettich (m)	fiʒl ḥārr (m)	فجل حارّ

Gewürz (n)	tābil (m)	تابل
Gewürz (n)	bahār (m)	بهار
Soße (f)	ṣalṣa (f)	صلصة
Essig (m)	xall (m)	خلّ
Anis (m)	yānsūn (m)	يانسون

Basilikum (n)	rīḥān (m)	ريحان
Nelke (f)	qurumful (m)	قرنفل
Ingwer (m)	zanʒabīl (m)	زنجبيل
Koriander (m)	kuzbara (f)	كزبرة
Zimt (m)	qirfa (f)	قرفة
Sesam (m)	simsim (m)	سمسم
Lorbeerblatt (n)	awrāq al ɣār (pl)	أوراق الغار
Paprika (m)	babrika (f)	بابريكا
Kümmel (m)	karāwiya (f)	كراوية
Safran (m)	zaʿfarān (m)	زعفران

T&P BOOKS

PERSÖNLICHE INFORMATIONEN. FAMILIE

58. Persönliche Informationen. Formulare
59. Familienmitglieder. Verwandte
60. Freunde. Arbeitskollegen

T&P Books Publishing

58. Persönliche Informationen. Formulare

Vorname (m)	ism (m)	إسم
Name (m)	ism al 'ā'ila (m)	إسم العائلة
Geburtsdatum (n)	tarīχ al mīlād (m)	تاريخ الميلاد
Geburtsort (m)	makān al mīlād (m)	مكان الميلاد
Nationalität (f)	ʒinsiyya (f)	جنسية
Wohnort (m)	maqarr al iqāma (m)	مقر الإقامة
Land (n)	balad (m)	بلد
Beruf (m)	mihna (f)	مهنة
Geschlecht (n)	ʒins (m)	جنس
Größe (f)	ṭūl (m)	طول
Gewicht (n)	wazn (m)	وزن

59. Familienmitglieder. Verwandte

Mutter (f)	umm (f)	أُم
Vater (m)	ab (m)	أب
Sohn (m)	ibn (m)	إبن
Tochter (f)	ibna (f)	إبنة
jüngste Tochter (f)	al ibna aṣ ṣaɣīra (f)	الإبنة الصغيرة
jüngste Sohn (m)	al ibn aṣ ṣaɣīr (m)	الابن الصغير
ältere Tochter (f)	al ibna al kabīra (f)	الإبنة الكبيرة
älterer Sohn (m)	al ibn al kabīr (m)	الإبن الكبير
Bruder (m)	aχ (m)	أخ
älterer Bruder (m)	al aχ al kabīr (m)	الأخ الكبير
jüngerer Bruder (m)	al aχ aṣ ṣaɣīr (m)	الأخ الصغير
Schwester (f)	uχt (f)	أخت
ältere Schwester (f)	al uχt al kabīra (f)	الأخت الكبيرة
jüngere Schwester (f)	al uχt aṣ ṣaɣīra (f)	الأخت الصغيرة
Cousin (m)	ibn 'amm (m), ibn χāl (m)	إبن عمّ، إبن خال
Cousine (f)	ibnat 'amm (f), ibnat χāl (f)	إبنة عم، إبنة خال
Mama (f)	mama (f)	ماما
Papa (m)	baba (m)	بابا
Eltern (pl)	wālidān (du)	والدان
Kind (n)	ṭifl (m)	طفل
Kinder (pl)	aṭfāl (pl)	أطفال
Großmutter (f)	ʒidda (f)	جدّة
Großvater (m)	ʒadd (m)	جدّ

Enkel (m)	ḥafīd (m)	حفيد
Enkelin (f)	ḥafīda (f)	حفيدة
Enkelkinder (pl)	aḥfād (pl)	أحفاد

Onkel (m)	'amm (m), χāl (m)	عمّ، خال
Tante (f)	'amma (f), χāla (f)	عمّة، خالة
Neffe (m)	ibn al aχ (m), ibn al uχt (m)	إبن الأخ، إبن الأخت
Nichte (f)	ibnat al aχ (f), ibnat al uχt (f)	إبنة الأخ، إبنة الأخت
Schwiegermutter (f)	ḥamātt (f)	حماة
Schwiegervater (m)	ḥamm (m)	حم
Schwiegersohn (m)	zawȝ al ibna (m)	زوج الأبنة
Stiefmutter (f)	zawȝat al ab (f)	زوجة الأب
Stiefvater (m)	zawȝ al umm (m)	زوج الأمّ

Säugling (m)	ṭifl raḍī (m)	طفل رضيع
Kleinkind (n)	mawlūd (m)	مولود
Kleine (m)	walad ṣaɣīr (m)	ولد صغير

Frau (f)	zawȝa (f)	زوجة
Mann (m)	zawȝ (m)	زوج
Ehemann (m)	zawȝ (m)	زوج
Gemahlin (f)	zawȝa (f)	زوجة

verheiratet (Ehemann)	mutazawwiȝ	متزوّج
verheiratet (Ehefrau)	mutazawwiȝa	متزوّجة
ledig	a'zab	أعزب
Junggeselle (m)	a'zab (m)	أعزب
geschieden (Adj)	muṭallaq (m)	مطلّق
Witwe (f)	armala (f)	أرملة
Witwer (m)	armal (m)	أرمل

Verwandte (m)	qarīb (m)	قريب
naher Verwandter (m)	nasīb qarīb (m)	نسيب قريب
entfernter Verwandter (m)	nasīb ba'īd (m)	نسيب بعيد
Verwandte (pl)	aqārib (pl)	أقارب

Waise (m, f)	yatīm (m)	يتيم
Vormund (m)	waliyy amr (m)	وليّ أمر
adoptieren (einen Jungen)	tabanna	تبنّى
adoptieren (ein Mädchen)	tabanna	تبنّى

60. Freunde. Arbeitskollegen

Freund (m)	ṣadīq (m)	صديق
Freundin (f)	ṣadīqa (f)	صديقة
Freundschaft (f)	ṣadāqa (f)	صداقة
befreundet sein	ṣādaq	صادق

| Freund (m) | ṣāḥib (m) | صاحب |
| Freundin (f) | ṣaḥiba (f) | صاحبة |

Partner (m)	rafīq (m)	رفيق
Chef (m)	raʾīs (m)	رئيس
Vorgesetzte (m)	raʾīs (m)	رئيس
Besitzer (m)	ṣāḥib (m)	صاحب
Untergeordnete (m)	tābiʿ (m)	تابع
Kollege (m), Kollegin (f)	zamīl (m)	زميل
Bekannte (m)	maʿruf (m)	معروف
Reisegefährte (m)	rafīq safar (m)	رفيق سفر
Mitschüler (m)	zamīl fiṣ ṣaff (m)	زميل في الصفّ
Nachbar (m)	ʒār (m)	جار
Nachbarin (f)	ʒāra (f)	جارة
Nachbarn (pl)	ʒirān (pl)	جيران

MENSCHLICHER KÖRPER. MEDIZIN

61. Kopf
62. Menschlicher Körper
63. Krankheiten
64. Symptome. Behandlungen. Teil 1
65. Symptome. Behandlungen. Teil 2
66. Symptome. Behandlungen. Teil 3
67. Medizin. Medikamente. Accessoires

T&P Books Publishing

Kopf (m)	ra's (m)	رأس
Gesicht (n)	waʒh (m)	وجه
Nase (f)	anf (m)	أنف
Mund (m)	fam (m)	فم
Auge (n)	ʿayn (f)	عين
Augen (pl)	ʿuyūn (pl)	عيون
Pupille (f)	ḥadaqa (f)	حدقة
Augenbraue (f)	ḥāʒib (m)	حاجب
Wimper (f)	rimʃ (m)	رمش
Augenlid (n)	ʒafn (m)	جفن
Zunge (f)	lisān (m)	لسان
Zahn (m)	sinn (f)	سِن
Lippen (pl)	ʃifāh (pl)	شفاه
Backenknochen (pl)	ʿiẓām waʒhiyya (pl)	عظام وجهية
Zahnfleisch (n)	liθθa (f)	لثة
Gaumen (m)	ḥanak (m)	حنك
Nasenlöcher (pl)	minxarān (du)	منخران
Kinn (n)	ðaqan (m)	ذقن
Kiefer (m)	fakk (m)	فكّ
Wange (f)	xadd (m)	خدّ
Stirn (f)	ʒabha (f)	جبهة
Schläfe (f)	ṣudɣ (m)	صدغ
Ohr (n)	uðun (f)	أذن
Nacken (m)	qafa (m)	قفا
Hals (m)	raqaba (f)	رقبة
Kehle (f)	ḥalq (m)	حلق
Haare (pl)	ʃaʿr (m)	شعر
Frisur (f)	tasrīḥa (f)	تسريحة
Haarschnitt (m)	tasrīḥa (f)	تسريحة
Perücke (f)	barūka (f)	باروكة
Schnurrbart (m)	ʃawārib (pl)	شوارب
Bart (m)	liḥya (f)	لحية
haben (einen Bart ~)	ʿindahu	عنده
Zopf (m)	ḍifīra (f)	ضفيرة
Backenbart (m)	sawālif (pl)	سوالف
rothaarig	aḥmar aʃ ʃaʿr	أحمر الشعر
grau	abyaḍ	أبيض

| kahl | aṣlaʿ | أصلع |
| Glatze (f) | ṣalaʿ (m) | صلع |

| Pferdeschwanz (m) | ðayl ḥiṣān (m) | ذيل حصان |
| Pony (Ponyfrisur) | quṣṣa (f) | قصّة |

62. Menschlicher Körper

| Hand (f) | yad (m) | يد |
| Arm (m) | ðirāʿ (f) | ذراع |

Finger (m)	iṣbaʿ (m)	إصبع
Zehe (f)	iṣbaʿ al qadam (m)	إصبع القدم
Daumen (m)	ibhām (m)	إبهام
kleiner Finger (m)	xunṣur (m)	خنصر
Nagel (m)	ẓufr (m)	ظفر

Faust (f)	qabḍa (f)	قبضة
Handfläche (f)	kaff (f)	كفّ
Handgelenk (n)	miʿṣam (m)	معصم
Unterarm (m)	sāʿid (m)	ساعد
Ellbogen (m)	mirfaq (m)	مرفق
Schulter (f)	katf (f)	كتف

Bein (n)	riʒl (f)	رجل
Fuß (m)	qadam (f)	قدم
Knie (n)	rukba (f)	ركبة
Wade (f)	sammāna (f)	سمّانة

| Hüfte (f) | faxð (f) | فخذ |
| Ferse (f) | ʿaqb (m) | عقب |

Körper (m)	ʒism (m)	جسم
Bauch (m)	baṭn (m)	بطن
Brust (f)	ṣadr (m)	صدر
Busen (m)	θady (m)	ثدي
Seite (f), Flanke (f)	ʒamb (m)	جنب
Rücken (m)	ẓahr (m)	ظهر

| Kreuz (n) | asfal aẓ ẓahr (m) | أسفل الظهر |
| Taille (f) | xaṣr (m) | خصر |

Nabel (m)	surra (f)	سرّة
Gesäßbacken (pl)	ardāf (pl)	أرداف
Hinterteil (n)	dubr (m)	دبر

Leberfleck (m)	ʃāma (f)	شامة
Muttermal (n)	waḥma	وحمة
Tätowierung (f)	waʃm (m)	وشم
Narbe (f)	nadba (f)	ندبة

63. Krankheiten

Krankheit (f)	maraḍ (m)	مرض
krank sein	maraḍ	مرض
Gesundheit (f)	ṣiḥḥa (f)	صحة
Schnupfen (m)	zukām (m)	زكام
Angina (f)	iltihāb al lawzatayn (m)	التهاب اللوزتين
Erkältung (f)	bard (m)	برد
sich erkälten	aṣābahu al bard	أصابه البرد
Bronchitis (f)	iltihāb al qaṣabāt (m)	إلتهاب القصبات
Lungenentzündung (f)	iltihāb ar ri'atayn (m)	إلتهاب الرئتين
Grippe (f)	inflūnza (f)	إنفلونزا
kurzsichtig	qaṣīr an naẓar	قصير النظر
weitsichtig	baʿīd an naẓar	بعيد النظر
Schielen (n)	ḥawal (m)	حول
schielend (Adj)	aḥwal	أحول
grauer Star (m)	katarakt (f)	كاتاراكت
Glaukom (n)	glawkūma (f)	جلوكوما
Schlaganfall (m)	sakta (f)	سكتة
Infarkt (m)	iḥtijā' (m)	إحتشاء
Herzinfarkt (m)	nawba qalbiya (f)	نوبة قلبية
Lähmung (f)	ʃalal (m)	شلل
lähmen (vt)	ʃall	شلّ
Allergie (f)	ḥassāsiyya (f)	حسّاسيّة
Asthma (n)	rabw (m)	ربو
Diabetes (m)	ad dā' as sukkariy (m)	الداء السكّريّ
Zahnschmerz (m)	alam al asnān (m)	ألم الأسنان
Karies (f)	naxar al asnān (m)	نخر الأسنان
Durchfall (m)	ishāl (m)	إسهال
Verstopfung (f)	imsāk (m)	إمساك
Magenverstimmung (f)	ʿusr al haḍm (m)	عسر الهضم
Vergiftung (f)	tasammum (m)	تسمّم
Vergiftung bekommen	tasammam	تسمّم
Arthritis (f)	iltihāb al mafāṣil (m)	إلتهاب المفاصل
Rachitis (f)	kusāḥ al aṭfāl (m)	كساح الأطفال
Rheumatismus (m)	riumatizm (m)	روماتزم
Atherosklerose (f)	taṣṣallub aʃ ʃarayīn (m)	تصلّب الشرايين
Gastritis (f)	iltihāb al maʿida (m)	إلتهاب المعدة
Blinddarmentzündung (f)	iltihāb az zā'ida ad dūdiyya (m)	إلتهاب الزائدة الدوديّة
Cholezystitis (f)	iltihāb al marāra (m)	إلتهاب المرارة
Geschwür (n)	qurḥa (f)	قرحة

Masern (pl)	marad al hasba (m)	مرض الحصبة
Röteln (pl)	hasba almāniyya (f)	حصبة ألمانية
Gelbsucht (f)	yaraqān (m)	يرقان
Hepatitis (f)	iltihāb al kabd al vayrūsiy (m)	إلتهاب الكبد الفيروسيّ

Schizophrenie (f)	ʃizufrīniya (f)	شيزوفرينيا
Tollwut (f)	dāʾ al kalb (m)	داء الكلب
Neurose (f)	ʿiṣāb (m)	عصاب
Gehirnerschütterung (f)	irtiʒāʒ al muxx (m)	إرتجاج المخ

Krebs (m)	saratān (m)	سرطان
Sklerose (f)	taṣṣallub (m)	تصلب
multiple Sklerose (f)	taṣṣallub mutaʿaddid (m)	تصلب متعدد

Alkoholismus (m)	idmān al xamr (m)	إدمان الخمر
Alkoholiker (m)	mudmin al xamr (m)	مدمن الخمر
Syphilis (f)	sifilis az zuhariy (m)	سفلس الزهري
AIDS	al aydz (m)	الايدز

Tumor (m)	waram (m)	ورم
bösartig	xabīθ	خبيث
gutartig	hamīd (m)	حميد

Fieber (n)	humma (f)	حمّى
Malaria (f)	malāriya (f)	ملاريا
Gangrän (f, n)	ɣanɣrīna (f)	غنفرينا
Seekrankheit (f)	duwār al bahr (m)	دوار البحر
Epilepsie (f)	marad aṣ ṣarʿ (m)	مرض الصرع

Epidemie (f)	wabāʾ (m)	وباء
Typhus (m)	tīfus (m)	تيفوس
Tuberkulose (f)	marad as sull (m)	مرض السلّ
Cholera (f)	kulīra (f)	كوليرا
Pest (f)	ṭāʿūn (m)	طاعون

64. Symptome. Behandlungen. Teil 1

Symptom (n)	ʿarad (m)	عرض
Temperatur (f)	harāra (f)	حرارة
Fieber (n)	humma (f)	حمّى
Puls (m)	nabd (m)	نبض

Schwindel (m)	dawxa (f)	دوخة
heiß (Stirne usw.)	hārr	حارّ
Schüttelfrost (m)	nafadān (m)	نفضان
blass (z.B. -es Gesicht)	aṣfar	أصفر

Husten (m)	suʿāl (m)	سعال
husten (vi)	saʿal	سعل

niesen (vi)	ʿaṭas	عطس
Ohnmacht (f)	iɣmāʾ (m)	إغماء
ohnmächtig werden	ɣumiya ʿalayh	غمي عليه

blauer Fleck (m)	kadma (f)	كدمة
Beule (f)	tawarrum (m)	تورّم
sich stoßen	iṣṭadam	إصطدم
Prellung (f)	raḍḍ (m)	رضّ
sich stoßen	taraḍḍaḍ	ترضّض

hinken (vi)	ʿaraʒ	عرج
Verrenkung (f)	χalʿ (m)	خلع
ausrenken (vt)	χalaʿ	خلع
Fraktur (f)	kasr (m)	كسر
brechen (Arm usw.)	inkasar	إنكسر

Schnittwunde (f)	ʒurḥ (m)	جرح
sich schneiden	ʒaraḥ nafsah	جرح نفسه
Blutung (f)	nazf (m)	نزف

Verbrennung (f)	ḥarq (m)	حرق
sich verbrennen	taʃayyaṭ	تشيّط

stechen (vt)	waχaz	وخز
sich stechen	waχaz nafsah	وخز نفسه
verletzen (vt)	aṣāb	أصاب
Verletzung (f)	iṣāba (f)	إصابة
Wunde (f)	ʒurḥ (m)	جرح
Trauma (n)	ṣadma (f)	صدمة

irrereden (vi)	haða	هذى
stottern (vi)	talaʿsam	تلعثم
Sonnenstich (m)	ḍarbat ʃams (f)	ضربة شمس

65. Symptome. Behandlungen. Teil 2

Schmerz (m)	alam (m)	ألم
Splitter (m)	ʃaẓiyya (f)	شظيّة

Schweiß (m)	ʿirq (m)	عرق
schwitzen (vi)	ʿariq	عرق
Erbrechen (n)	taqayyuʿ (m)	تقيّؤ
Krämpfe (pl)	taʃannuʒāt (pl)	تشنّجات

schwanger	ḥāmil	حامل
geboren sein	wulid	وُلد
Geburt (f)	wilāda (f)	ولادة
gebären (vt)	walad	ولد
Abtreibung (f)	iʒhāḍ (m)	إجهاض
Atem (m)	tanaffus (m)	تنفّس

Atemzug (m)	istinʃāq (m)	إستنشاق
Ausatmung (f)	zafīr (m)	زفير
ausatmen (vt)	zafar	زفر
einatmen (vt)	istanʃaq	إستنشق
Invalide (m)	muʿāq (m)	معاق
Krüppel (m)	muqʿad (m)	مقعد
Drogenabhängiger (m)	mudmin muxaddirāt (m)	مدمن مخدّرات
taub	aṭraʃ	أطرش
stumm	axras	أخرس
taubstumm	aṭraʃ axras	أطرش أخرس
verrückt (Adj)	maʒnūn	مجنون
Irre (m)	maʒnūn (m)	مجنون
Irre (f)	maʒnūna (f)	مجنونة
den Verstand verlieren	ʒunn	جُنّ
Gen (n)	ʒīn (m)	جين
Immunität (f)	manāʿa (f)	مناعة
erblich	wirāθiy	وراثيّ
angeboren	xilqiy munð al wilāda	خلقيّ منذ الولادة
Virus (m, n)	virūs (m)	فيروس
Mikrobe (f)	mikrūb (m)	ميكروب
Bakterie (f)	ʒurθūma (f)	جرثومة
Infektion (f)	ʿadwa (f)	عدوى

66. Symptome. Behandlungen. Teil 3

Krankenhaus (n)	mustaʃfa (m)	مستشفى
Patient (m)	marīḍ (m)	مريض
Diagnose (f)	taʃxīṣ (m)	تشخيص
Heilung (f)	ʿilāʒ (m)	علاج
Behandlung (f)	ʿilāʒ (m)	علاج
Behandlung bekommen	taʿālaʒ	تعالج
behandeln (vt)	ʿālaʒ	عالج
pflegen (Kranke)	marraḍ	مرّض
Pflege (f)	ʿināya (f)	عناية
Operation (f)	ʿamaliyya ʒaraḥiyya (f)	عمليّة جرحيّة
verbinden (vt)	ḍammad	ضمّد
Verband (m)	taḍmīd (m)	تضميد
Impfung (f)	talqīḥ (m)	تلقيح
impfen (vt)	laqqaḥ	لقَّح
Spritze (f)	ḥuqna (f)	حقنة
eine Spritze geben	ḥaqan ibra	حقن إبرة
Anfall (m)	nawba (f)	نوبة

Amputation (f)	batr (m)	بتر
amputieren (vt)	batar	بتر
Koma (n)	ɣaybūba (f)	غيبوبة
im Koma liegen	kān fi ḥālat ɣaybūba	كان في حالة غيبوبة
Reanimation (f)	al 'ināya al murakkaza (f)	العناية المركزة

genesen von ... (vi)	ʃufiy	شفي
Zustand (m)	ḥāla (f)	حالة
Bewusstsein (n)	wa'y (m)	وعي
Gedächtnis (n)	ðākira (f)	ذاكرة

ziehen (einen Zahn ~)	χala'	خلع
Plombe (f)	ḥaʃw (m)	حشو
plombieren (vt)	ḥaʃa	حشا

Hypnose (f)	at tanwīm al maɣnaṭīsiy (m)	التنويم المغناطيسيّ
hypnotisieren (vt)	nawwam	نوّم

67. Medizin. Medikamente. Accessoires

Arznei (f)	dawā' (m)	دواء
Heilmittel (n)	'ilāʒ (m)	علاج
verschreiben (vt)	waṣaf	وصف
Rezept (n)	waṣfa (f)	وصفة

Tablette (f)	qurṣ (m)	قرص
Salbe (f)	marham (m)	مرهم
Ampulle (f)	ambūla (f)	أمبولة
Mixtur (f)	dawā' ʃarāb (m)	دواء شراب
Sirup (m)	ʃarāb (m)	شراب
Pille (f)	ḥabba (f)	حبّة
Pulver (n)	ðarūr (m)	ذرور

Verband (m)	ḍammāda (f)	ضمادة
Watte (f)	quṭn (m)	قطن
Jod (n)	yūd (m)	يود

Pflaster (n)	blāstir (m)	بلاستر
Pipette (f)	māṣṣat al bastara (f)	ماصّة البسترة
Thermometer (n)	tirmūmitr (m)	ترمومتر
Spritze (f)	miḥqana (f)	محقنة

Rollstuhl (m)	kursiy mutaḥarrik (m)	كرسي متحرّك
Krücken (pl)	'ukkāzān (du)	عكازان

Betäubungsmittel (n)	musakkin (m)	مسكّن
Abführmittel (n)	mulayyin (m)	مليّن
Spiritus (m)	iθanūl (m)	إيثانول
Heilkraut (n)	a'ʃāb ṭibbiyya (pl)	أعشاب طبية
Kräuter- (z.B. Kräutertee)	'uʃbiy	عشبيّ

WOHNUNG

68. Wohnung
69. Möbel. Innenausstattung
70. Bettwäsche
71. Küche
72. Bad
73. Haushaltsgeräte

T&P Books Publishing

68. Wohnung

Wohnung (f)	ʃaqqa (f)	شقَة
Zimmer (n)	ɣurfa (f)	غرفة
Schlafzimmer (n)	ɣurfat an nawm (f)	غرفة الوم
Esszimmer (n)	ɣurfat il akl (f)	غرفة الأكل
Wohnzimmer (n)	ṣālat al istiqbāl (f)	صالة الإستقبال
Arbeitszimmer (n)	maktab (m)	مكتب
Vorzimmer (n)	madχal (m)	مدخل
Badezimmer (n)	ḥammām (m)	حمّام
Toilette (f)	ḥammām (m)	حمّام
Decke (f)	saqf (m)	سقف
Fußboden (m)	arḍ (f)	أرض
Ecke (f)	zāwiya (f)	زاوية

69. Möbel. Innenausstattung

Möbel (n)	aθāθ (m)	أثاث
Tisch (m)	maktab (m)	مكتب
Stuhl (m)	kursiy (m)	كرسي
Bett (n)	sarīr (m)	سرير
Sofa (n)	kanaba (f)	كنبة
Sessel (m)	kursiy (m)	كرسي
Bücherschrank (m)	χizānat kutub (f)	خزانة كتب
Regal (n)	raff (m)	رفّ
Schrank (m)	dūlāb (m)	دولاب
Hakenleiste (f)	ʃammāʿa (f)	شمّاعة
Kleiderständer (m)	ʃammāʿa (f)	شمّاعة
Kommode (f)	dulāb adrāʒ (m)	دولاب أدراج
Couchtisch (m)	ṭāwilat al qahwa (f)	طاولة القهوة
Spiegel (m)	mir'āt (f)	مرآة
Teppich (m)	siʒāda (f)	سجادة
Matte (kleiner Teppich)	siʒāda (f)	سجادة
Kamin (m)	midfa'a ḥā'iṭiyya (f)	مدفأة حائطيّة
Kerze (f)	ʃamʿa (f)	شمعة
Kerzenleuchter (m)	ʃamʿadān (m)	شمعدان
Vorhänge (pl)	satā'ir (pl)	ستائر

Tapete (f)	waraq ḥīṭān (m)	ورق حيطان
Jalousie (f)	haṣīrat ʃubbāk (f)	حصيرة شبّاك
Tischlampe (f)	miṣbāḥ aṭ ṭāwila (m)	مصباح الطاولة
Leuchte (f)	miṣbāḥ al ḥā'iṭ (f)	مصباح الحائط
Stehlampe (f)	miṣbāḥ arḍiy (m)	مصباح أرضيّ
Kronleuchter (m)	naẕafa (f)	نجفة
Bein (Tischbein usw.)	riȝl (f)	رجل
Armlehne (f)	masnad (m)	مسند
Lehne (f)	masnad (m)	مسند
Schublade (f)	durȝ (m)	درج

70. Bettwäsche

Bettwäsche (f)	bayāḍāt as sarīr (pl)	بياضات السرير
Kissen (n)	wisāda (f)	وسادة
Kissenbezug (m)	kīs al wisāda (m)	كيس الوسادة
Bettdecke (f)	baṭṭāniyya (f)	بطّانيّة
Laken (n)	milāya (f)	ملاية
Tagesdecke (f)	ɣiṭā' as sarīr (m)	غطاء السرير

71. Küche

Küche (f)	maṭbax (m)	مطبخ
Gas (n)	ɣāz (m)	غاز
Gasherd (m)	butuɣāz (m)	بوتوغاز
Elektroherd (m)	furn kaharabā'iy (m)	فرن كهربائيّ
Backofen (m)	furn (m)	فرن
Mikrowellenherd (m)	furn al mikruwayv (m)	فرن الميكروويف
Kühlschrank (m)	θallāȝa (f)	ثلاجة
Tiefkühltruhe (f)	frīzir (m)	فريزير
Geschirrspülmaschine (f)	ɣassāla (f)	غسّالة
Fleischwolf (m)	farrāmat laḥm (f)	فرّامة لحم
Saftpresse (f)	'aṣṣāra (f)	عصّارة
Toaster (m)	maḥmaṣat xubz (f)	محمصة خبز
Mixer (m)	xallāṭ (m)	خلّاط
Kaffeemaschine (f)	mākinat ṣan' al qahwa (f)	ماكينة صنع القهوة
Kaffeekanne (f)	kanaka (f)	كنكة
Kaffeemühle (f)	maṭhanat qahwa (f)	مطحنة قهوة
Wasserkessel (m)	barrād (m)	برّاد
Teekanne (f)	barrād aʃ ʃāy (m)	برّاد الشاي
Deckel (m)	ɣiṭā' (m)	غطاء
Teesieb (n)	miṣfāt (f)	مصفاة

Löffel (m)	milʿaqa (f)	ملعقة
Teelöffel (m)	milʿaqat ʃāy (f)	ملعقة شاي
Esslöffel (m)	milʿaqa kabīra (f)	ملعقة كبيرة
Gabel (f)	ʃawka (f)	شوكة
Messer (n)	sikkīn (m)	سكّين

Geschirr (n)	ṣuhūn (pl)	صحون
Teller (m)	ṭabaq (m)	طبق
Untertasse (f)	ṭabaq finʒān (m)	طبق فنجان

Schnapsglas (n)	ka's (f)	كأس
Glas (n)	kubbāya (f)	كبّاية
Tasse (f)	finʒān (m)	فنجان

Zuckerdose (f)	sukkariyya (f)	سكّرية
Salzstreuer (m)	mamlaḥa (f)	مملحة
Pfefferstreuer (m)	mabhara (f)	مبهرة
Butterdose (f)	ṣuhn zubda (m)	صحن زبدة

Kochtopf (m)	kassirūlla (f)	كاسرولة
Pfanne (f)	ṭāsa (f)	طاسة
Schöpflöffel (m)	miɣrafa (f)	مغرفة
Durchschlag (m)	miṣfāt (f)	مصفاة
Tablett (n)	ṣīniyya (f)	صينيّة

Flasche (f)	zuʒāʒa (f)	زجاجة
Glas (Einmachglas)	barṭamān (m)	برطمان
Dose (f)	tanaka (f)	تنكة

Flaschenöffner (m)	fattāḥa (f)	فتّاحة
Dosenöffner (m)	fattāḥa (f)	فتّاحة
Korkenzieher (m)	barrīma (f)	بريمة
Filter (n)	filtir (m)	فلتر
filtern (vt)	ṣaffa	صفّى

| Müll (m) | zubāla (f) | زبالة |
| Mülleimer, Treteimer (m) | ṣundūq az zubāla (m) | صندوق الزبالة |

72. Bad

Badezimmer (n)	ḥammām (m)	حمّام
Wasser (n)	mā' (m)	ماء
Wasserhahn (m)	ḥanafiyya (f)	حنفيّة
Warmwasser (n)	mā' sāxin (m)	ماء ساخن
Kaltwasser (n)	mā' bārid (m)	ماء بارد

Zahnpasta (f)	maʿʒūn asnān (m)	معجون أسنان
Zähne putzen	nazzaf al asnān	نظّف الأسنان
Zahnbürste (f)	furʃat asnān (f)	فرشة أسنان
sich rasieren	ḥalaq	حلق

| Rasierschaum (m) | raɣwa lil ḥilāqa (f) | رغوة للحلاقة |
| Rasierer (m) | mūs ḥilāqa (m) | موس حلاقة |

waschen (vt)	ɣasal	غسل
sich waschen	istaḥamm	إستحمّ
Dusche (f)	dūʃ (m)	دوش
sich duschen	aχað ad duʃ	أخذ الدش

Badewanne (f)	ḥawḍ istiḥmām (m)	حوض استحمام
Klosettbecken (n)	mirḥāḍ (m)	مرحاض
Waschbecken (n)	ḥawḍ (m)	حوض

| Seife (f) | ṣābūn (m) | صابون |
| Seifenschale (f) | ṣabbāna (f) | صبّانة |

Schwamm (m)	līfa (f)	ليفة
Shampoo (n)	ʃāmbū (m)	شامبو
Handtuch (n)	fūṭa (f)	فوطة
Bademantel (m)	θawb ḥammām (m)	ثوب حمّام

Wäsche (f)	ɣasīl (m)	غسيل
Waschmaschine (f)	ɣassāla (f)	غسّالة
waschen (vt)	ɣasal al malābis	غسل الملابس
Waschpulver (n)	mashūq ɣasīl (m)	مسحوق غسيل

73. Haushaltsgeräte

Fernseher (m)	tilivizyūn (m)	تليفيزيون
Tonbandgerät (n)	ʒihāz tasʒīl (m)	جهاز تسجيل
Videorekorder (m)	ʒihāz tasʒīl vidiyu (m)	جهاز تسجيل فيديو
Empfänger (m)	ʒihāz radiyu (m)	جهاز راديو
Player (m)	blayir (m)	بليير

Videoprojektor (m)	ʿāriḍ vidiyu (m)	عارض فيديو
Heimkino (n)	sinima manziliyya (f)	سينما منزليّة
DVD-Player (m)	di vi di (m)	دي في دي
Verstärker (m)	mukabbir aṣ ṣawt (m)	مكبّر الصوت
Spielkonsole (f)	ʾatāri (m)	أتاري

Videokamera (f)	kamira vidiyu (f)	كاميرا فيديو
Kamera (f)	kamira (f)	كاميرا
Digitalkamera (f)	kamira diʒital (f)	كاميرا ديجيتال

Staubsauger (m)	miknasa kahrabāʾiyya (f)	مكنسة كهربائيّة
Bügeleisen (n)	makwāt (f)	مكواة
Bügelbrett (n)	lawḥat kayy (f)	لوحة كيّ

Telefon (n)	hātif (m)	هاتف
Mobiltelefon (n)	hātif maḥmūl (m)	هاتف محمول
Schreibmaschine (f)	ʾāla katiba (f)	آلة كاتبة

Nähmaschine (f)	ʾālat al ẖiyāṭa (f)	آلة الخياطة
Mikrophon (n)	mikrufūn (m)	ميكروفون
Kopfhörer (m)	sammāʿāt raʾsiya (pl)	سمّاعات رأسيّة
Fernbedienung (f)	rimuwt kuntrūl (m)	ريموت كنترول
CD (f)	si di (m)	سي دي
Kassette (f)	ʃarīṭ (m)	شريط
Schallplatte (f)	usṭuwāna (f)	أسطوانة

T&P BOOKS

DIE ERDE. WETTER

74. Weltall
75. Die Erde
76. Himmelsrichtungen
77. Meer. Ozean
78. Namen der Meere und Ozeane
79. Berge
80. Namen der Berge
81. Flüsse
82. Namen der Flüsse
83. Wald
84. natürliche Lebensgrundlagen
85. Wetter
86. Unwetter Naturkatastrophen

T&P Books Publishing

Kosmos (m)	faḍā' (m)	فضاء
kosmisch, Raum-	faḍā'iy	فضائيّ
Weltraum (m)	faḍā' (m)	فضاء
All (n)	'ālam (m)	عالم
Universum (n)	al kawn (m)	الكون
Galaxie (f)	al maȝarra (f)	المجرّة

Stern (m)	naȝm (m)	نجم
Gestirn (n)	burȝ (m)	برج
Planet (m)	kawkab (m)	كوكب
Satellit (m)	qamar ṣinā'iy (m)	قمر صناعيّ

Meteorit (m)	ḥaȝar nayzakiy (m)	حجر نيزكيّ
Komet (m)	muðannab (m)	مذنّب
Asteroid (m)	kuwaykib (m)	كويكب

Umlaufbahn (f)	madār (m)	مدار
sich drehen	dār	دار
Atmosphäre (f)	al ɣilāf al ȝawwiy (m)	الغلاف الجوّيّ

Sonne (f)	aʃ ʃams (f)	الشمس
Sonnensystem (n)	al maȝmū'a aʃ ʃamsiyya (f)	المجموعة الشمسيّة
Sonnenfinsternis (f)	kusūf aʃ ʃams (m)	كسوف الشمس

| Erde (f) | al arḍ (f) | الأرض |
| Mond (m) | al qamar (m) | القمر |

Mars (m)	al mirrīχ (m)	المرّيخ
Venus (f)	az zahra (f)	الزهرة
Jupiter (m)	al muʃtari (m)	المشتري
Saturn (m)	zuḥal (m)	زحل

Merkur (m)	'aṭārid (m)	عطارد
Uran (m)	urānus (m)	اورانوس
Neptun (m)	nibtūn (m)	نبتون
Pluto (m)	blūtu (m)	بلوتو

Milchstraße (f)	darb at tabbāna (m)	درب التبّانة
Der Große Bär	ad dubb al akbar (m)	الدبّ الأكبر
Polarstern (m)	naȝm al 'quṭb (m)	نجم القطب

Marsbewohner (m)	sākin al mirrīχ (m)	ساكن المرّيخ
Außerirdischer (m)	faḍā'iy (m)	فضائيّ
außerirdisches Wesen (n)	faḍā'iy (m)	فضائيّ

fliegende Untertasse (f)	ṭabaq ṭā'ir (m)	طبق طائر
Raumschiff (n)	markaba faḍā'iyya (f)	مركبة فضائيّة
Raumstation (f)	maḥaṭṭat faḍā' (f)	محطّة فضاء
Raketenstart (m)	intilāq (m)	إنطلاق

Triebwerk (n)	mutūr (m)	موتور
Düse (f)	manfaθ (m)	منفث
Treibstoff (m)	wuqūd (m)	وقود

Kabine (f)	kabīna (f)	كابينة
Antenne (f)	hawā'iy (m)	هوائيّ
Bullauge (n)	kuwwa mustadīra (f)	كوّة مستديرة
Sonnenbatterie (f)	lawḥ ʃamsiy (m)	لوح شمسيّ
Raumanzug (m)	baðlat al faḍā' (f)	بذلة الفضاء

| Schwerelosigkeit (f) | in'idām al wazn (m) | إنعدام الوزن |
| Sauerstoff (m) | uksiзīn (m) | أكسجين |

| Ankopplung (f) | rasw (m) | رسو |
| koppeln (vi) | rasa | رسا |

Observatorium (n)	marṣad (m)	مرصد
Teleskop (n)	tiliskūp (m)	تلسكوب
beobachten (vt)	rāqab	راقب
erforschen (vt)	istakʃaf	إستكشف

75. Die Erde

Erde (f)	al arḍ (f)	الأرض
Erdkugel (f)	al kura al arḍiyya (f)	الكرة الأرضيّة
Planet (m)	kawkab (m)	كوكب

Atmosphäre (f)	al ɣilāf al зawwiy (m)	الغلاف الجوّيّ
Geographie (f)	зuɣrāfiya (f)	جغرافيا
Natur (f)	ṭabīʿa (f)	طبيعة
Globus (m)	namūðaз lil kura al arḍiyya (m)	نموذج للكرة الأرضيّة

| Landkarte (f) | χarīṭa (f) | خريطة |
| Atlas (m) | aṭlas (m) | أطلس |

Europa (n)	urūbba (f)	أوروبّا
Asien (n)	'āsiya (f)	آسيا
Afrika (n)	afrīqiya (f)	أفريقيا
Australien (n)	usturāliya (f)	أستراليا

Amerika (n)	amrīka (f)	أمريكا
Nordamerika (n)	amrīka aʃ ʃimāliyya (f)	أمريكا الشماليّة
Südamerika (n)	amrīka al зanūbiyya (f)	أمريكا الجنوبيّة
Antarktis (f)	al quṭb al зanūbiy (m)	القطب الجنوبيّ
Arktis (f)	al quṭb aʃ ʃimāliy (m)	القطب الشماليّ

76. Himmelsrichtungen

Norden (m)	ʃimāl (m)	شمال
nach Norden	ilaʃ ʃimāl	إلى الشمال
im Norden	fiʃ ʃimāl	في الشمال
nördlich	ʃimāliy	شماليّ
Süden (m)	ʒanūb (m)	جنوب
nach Süden	ilal ʒanūb	إلى الجنوب
im Süden	fil ʒanūb	في الجنوب
südlich	ʒanūbiy	جنوبيّ
Westen (m)	ɣarb (m)	غرب
nach Westen	ilal ɣarb	إلى الغرب
im Westen	fil ɣarb	في الغرب
westlich, West-	ɣarbiy	غربيّ
Osten (m)	ʃarq (m)	شرق
nach Osten	ilaʃ ʃarq	إلى الشرق
im Osten	fiʃ ʃarq	في الشرق
östlich	ʃarqiy	شرقيّ

77. Meer. Ozean

Meer (n), See (f)	baḥr (m)	بحر
Ozean (m)	muḥīṭ (m)	محيط
Golf (m)	χalīʒ (m)	خليج
Meerenge (f)	maḍīq (m)	مضيق
Festland (n)	barr (m)	برّ
Kontinent (m)	qārra (f)	قارّة
Insel (f)	ʒazīra (f)	جزيرة
Halbinsel (f)	ʃibh ʒazīra (f)	شبه جزيرة
Archipel (m)	maʒmūʿat ʒuzur (f)	مجموعة جزر
Bucht (f)	χalīʒ (m)	خليج
Hafen (m)	mīnāʾ (m)	ميناء
Lagune (f)	buḥayra ʃāṭiʾa (f)	بحيرة شاطئة
Kap (n)	raʾs (m)	رأس
Atoll (n)	ʒazīra marʒāniyya istiwāʾiyya (f)	جزيرة مرجانيّة إستوائيّة
Riff (n)	ʃiʿāb (pl)	شعاب
Koralle (f)	murʒān (m)	مرجان
Korallenriff (n)	ʃiʿāb marʒāniyya (pl)	شعاب مرجانيّة
tief (Adj)	ʿamīq	عميق
Tiefe (f)	ʿumq (m)	عمق
Abgrund (m)	mahwāt (f)	مهواة

Graben (m)	xandaq (m)	خندق
Strom (m)	tayyār (m)	تيّار
umspülen (vt)	aḥāṭ	أحاط

| Ufer (n) | sāḥil (m) | ساحل |
| Küste (f) | sāḥil (m) | ساحل |

Flut (f)	madd (m)	مدّ
Ebbe (f)	ʒazr (m)	جزر
Sandbank (f)	miyāh ḍaḥla (f)	مياه ضحلة
Boden (m)	qāʿ (m)	قاع

Welle (f)	mawʒa (f)	موجة
Wellenkamm (m)	qimmat mawʒa (f)	قمّة موجة
Schaum (m)	zabad al baḥr (m)	زبد البحر

Sturm (m)	ʿāṣifa (f)	عاصفة
Orkan (m)	iʿṣār (m)	إعصار
Tsunami (m)	tsunāmi (m)	تسونامي
Windstille (f)	hudūʾ (m)	هدوء
ruhig	hādiʾ	هادئ

| Pol (m) | quṭb (m) | قطب |
| Polar- | quṭby | قطبيّ |

Breite (f)	ʿarḍ (m)	عرض
Länge (f)	ṭūl (m)	طول
Breitenkreis (m)	mutawāzi (m)	متواز
Äquator (m)	xaṭṭ al istiwāʾ (m)	خط الإستواء

Himmel (m)	samāʾ (f)	سماء
Horizont (m)	ufuq (m)	أفق
Luft (f)	hawāʾ (m)	هواء

Leuchtturm (m)	manāra (f)	منارة
tauchen (vi)	ɣāṣ	غاص
versinken (vi)	ɣariq	غرق
Schätze (pl)	kunūz (pl)	كنوز

78. Namen der Meere und Ozeane

Atlantischer Ozean (m)	al muḥīṭ al aṭlasiy (m)	المحيط الأطلسيّ
Indischer Ozean (m)	al muḥīṭ al hindiy (m)	المحيط الهنديّ
Pazifischer Ozean (m)	al muḥīṭ al hādiʾ (m)	المحيط الهادئ
Arktischer Ozean (m)	al muḥīṭ il mutaʒammid aʃʃimāliy (m)	المحيط المتجمّد الشماليّ

Schwarzes Meer (n)	al baḥr al aswad (m)	البحر الأسود
Rotes Meer (n)	al baḥr al aḥmar (m)	البحر الأحمر
Gelbes Meer (n)	al baḥr al aṣfar (m)	البحر الأصفر

Weißes Meer (n)	al baḥr al abyaḍ (m)	البحر الأبيض
Kaspisches Meer (n)	baḥr qazwīn (m)	بحر قزوين
Totes Meer (n)	al baḥr al mayyit (m)	البحر الميّت
Mittelmeer (n)	al baḥr al abyaḍ al mutawassiṭ (m)	البحر الأبيض المتوسّط
Ägäisches Meer (n)	baḥr īʒah (m)	بحر إيجة
Adriatisches Meer (n)	al baḥr al adriyatīkiy (m)	البحر الأدرياتيكيّ
Arabisches Meer (n)	baḥr al ʿarab (m)	بحر العرب
Japanisches Meer (n)	baḥr al yabān (m)	بحر اليابان
Beringmeer (n)	baḥr birinʒ (m)	بحر بيرينغ
Südchinesisches Meer (n)	baḥr aṣ ṣīn al ʒanūbiy (m)	بحر الصين الجنوبيّ
Korallenmeer (n)	baḥr al marʒān (m)	بحر المرجان
Tasmansee (f)	baḥr tasmān (m)	بحر تسمان
Karibisches Meer (n)	al baḥr al karībiy (m)	البحر الكاريبيّ
Barentssee (f)	baḥr barints (m)	بحر بارينس
Karasee (f)	baḥr kara (m)	بحر كارا
Nordsee (f)	baḥr aʃ ʃimāl (m)	بحر الشمال
Ostsee (f)	al baḥr al balṭīq (m)	البحر البلطيق
Nordmeer (n)	baḥr an narwīʒ (m)	بحر النرويج

79. Berge

Berg (m)	ʒabal (m)	جبل
Gebirgskette (f)	silsilat ʒibāl (f)	سلسلة جبال
Bergrücken (m)	qimam ʒabaliyya (pl)	قمم جبليّة
Gipfel (m)	qimma (f)	قمّة
Spitze (f)	qimma (f)	قمّة
Bergfuß (m)	asfal (m)	أسفل
Abhang (m)	munḥadar (m)	منحدر
Vulkan (m)	burkān (m)	بركان
tätiger Vulkan (m)	burkān naʃiṭ (m)	بركان نشط
schlafender Vulkan (m)	burkān xāmid (m)	بركان خامد
Ausbruch (m)	θawrān (m)	ثوران
Krater (m)	fūhat al burkān (f)	فوهة البركان
Magma (n)	māɣma (f)	ماغما
Lava (f)	ḥumam burkāniyya (pl)	حمم بركانيّة
glühend heiß (-e Lava)	munṣahira	منصهرة
Cañon (m)	talʿa (m)	تلعة
Schlucht (f)	wādi ḍayyiq (m)	واد ضيّق
Spalte (f)	ʃaqq (m)	شقّ
Abgrund (m) (steiler ~)	hāwiya (f)	هاوية

Gebirgspass (m)	mamarr ӡabaliy (m)	ممرّ جبليّ
Plateau (n)	haḍba (f)	هضبة
Fels (m)	ӡurf (m)	جرف
Hügel (m)	tall (m)	تلّ

Gletscher (m)	nahr ӡalīdiy (m)	نهر جليديّ
Wasserfall (m)	ʃallāl (m)	شلّال
Geiser (m)	fawwāra ḥārra (m)	فوّارة حارّة
See (m)	buḥayra (f)	بحيرة

Ebene (f)	sahl (m)	سهل
Landschaft (f)	manẓar ṭabīʻiy (m)	منظر طبيعيّ
Echo (n)	ṣada (m)	صدى

Bergsteiger (m)	mutasalliq al ӡibāl (m)	متسلّق الجبال
Kletterer (m)	mutasalliq ṣuxūr (m)	متسلّق صخور
bezwingen (vt)	taɣallab ʻala	تغلّب على
Aufstieg (m)	tasalluq (m)	تسلّق

80. Namen der Berge

Alpen (pl)	ӡibāl al alb (pl)	جبال الألب
Montblanc (m)	mūn blūn (m)	مون بلون
Pyrenäen (pl)	ӡibāl al barānis (pl)	جبال البرانس

Karpaten (pl)	ӡibāl al karbāt (pl)	جبال الكاريات
Uralgebirge (n)	ӡibāl al ʾūrāl (pl)	جبال الأورال
Kaukasus (m)	ӡibāl al qawqāz (pl)	جبال القوقاز
Elbrus (m)	ӡabal ilbrūs (m)	جبل إلبروس

Altai (m)	ӡibāl altāy (pl)	جبال ألتاي
Tian Shan (m)	ӡibāl tian ʃan (pl)	جبال تيان شان
Pamir (m)	ӡibāl bamīr (pl)	جبال بامير
Himalaja (m)	himalāya (pl)	هيمالايا
Everest (m)	ӡabal ivirist (m)	جبل افرست

Anden (pl)	ӡibāl al andīz (pl)	جبال الأنديز
Kilimandscharo (m)	ӡabal kilimanӡāru (m)	جبل كليمنجارو

81. Flüsse

Fluss (m)	nahr (m)	نهر
Quelle (f)	ʻayn (m)	عين
Flussbett (n)	maӡra an nahr (m)	مجرى النهر
Stromgebiet (n)	ḥawḍ (m)	حوض
einmünden in ...	ṣabb fi ...	صبّ في...
Nebenfluss (m)	rāfid (m)	رافد
Ufer (n)	ḍiffa (f)	ضفّة

Strom (m)	tayyār (m)	تيّار
stromabwärts	f ittiӡāh maӡra an nahr	في إتجاه مجرى النهر
stromaufwärts	ḍidd at tayyār	ضد التيّار

Überschwemmung (f)	ɣamr (m)	غمر
Hochwasser (n)	fayaḍān (m)	فيضان
aus den Ufern treten	fāḍ	فاض
überfluten (vt)	ɣamar	غمر

| Sandbank (f) | miyāh ḍahla (f) | مياه ضحلة |
| Stromschnelle (f) | munḥadar an nahr (m) | منحدر النهر |

Damm (m)	sadd (m)	سدّ
Kanal (m)	qanāt (f)	قناة
Stausee (m)	χazzān māʼiy (m)	خزّان مائيّ
Schleuse (f)	hawīs (m)	هويس

Gewässer (n)	masṭah māʼiy (m)	مسطح مائيّ
Sumpf (m), Moor (n)	mustanqaʿ (m)	مستنقع
Marsch (f)	mustanqaʿ (m)	مستنقع
Strudel (m)	dawwāma (f)	دوّامة

Bach (m)	ӡadwal māʼiy (m)	جدول مائيّ
Trink- (z.B. Trinkwasser)	aʃʃurb	الشرب
Süß- (Wasser)	ʿaðb	عذب

| Eis (n) | ӡalīd (m) | جليد |
| zufrieren (vi) | taӡammad | تجمّد |

82. Namen der Flüsse

| Seine (f) | nahr as sīn (m) | نهر السين |
| Loire (f) | nahr al lua:r (m) | نهر اللوار |

Themse (f)	nahr at tīmz (m)	نهر التيمز
Rhein (m)	nahr ar rayn (m)	نهر الراين
Donau (f)	nahr ad danūb (m)	نهر الدانوب

Wolga (f)	nahr al vulɣa (m)	نهر الفولغا
Don (m)	nahr ad dūn (m)	نهر الدون
Lena (f)	nahr līna (m)	نهر لينا

Gelber Fluss (m)	an nahr al aṣfar (m)	النهر الأصفر
Jangtse (m)	nahr al yanɣtsi (m)	نهر اليانغتسي
Mekong (m)	nahr al mikunɣ (m)	نهر الميكونغ
Ganges (m)	nahr al ɣānӡ (m)	نهر الغانج

Nil (m)	nahr an nīl (m)	نهر النيل
Kongo (m)	nahr al kunɣu (m)	نهر الكونغو
Okavango (m)	nahr ukavanӡu (m)	نهر اوكافانجو

Sambesi (m)	nahr az zambizi (m)	نهر الزمبيزي
Limpopo (m)	nahr limbubu (m)	نهر ليمبوبو
Mississippi (m)	nahr al mississibbi (m)	نهر الميسيسيبي

83. Wald

| Wald (m) | ɣāba (f) | غابة |
| Wald- | ɣāba | غابة |

Dickicht (n)	ɣāba kaθīfa (f)	غابة كثيفة
Gehölz (n)	ɣāba ṣaɣīra (f)	غابة صغيرة
Lichtung (f)	minṭaqa uzīlat minha al aʃʒār (f)	منطقة أزيلت منها الأشجار

| Dickicht (n) | aʒama (f) | أجمة |
| Gebüsch (n) | ʃuʒayrāt (pl) | شجيرات |

| Fußweg (m) | mamarr (m) | ممرّ |
| Erosionsrinne (f) | wādi ḍayyiq (m) | واد ضيّق |

Baum (m)	ʃaʒara (f)	شجرة
Blatt (n)	waraqa (f)	ورقة
Laub (n)	waraq (m)	ورق

Laubfall (m)	tasāquṭ al awrāq (m)	تساقط الأوراق
fallen (Blätter)	saqaṭ	سقط
Wipfel (m)	ra's (m)	رأس

Zweig (m)	ɣuṣn (m)	غصن
Ast (m)	ɣuṣn (m)	غصن
Knospe (f)	bur'um (m)	برعم
Nadel (f)	ʃawka (f)	شوكة
Zapfen (m)	kūz aṣ ṣanawbar (m)	كوز الصنوبر

Höhlung (f)	ʒawf (m)	جوف
Nest (n)	'uʃʃ (m)	عشّ
Höhle (f)	ʒuḥr (m)	جحر

Stamm (m)	ʒiðʿ (m)	جذع
Wurzel (f)	ʒiðr (m)	جذر
Rinde (f)	liḥā' (m)	لحاء
Moos (n)	ṭuḥlub (m)	طحلب

entwurzeln (vt)	iqtalaʿ	إقتلع
fällen (vt)	qaṭaʿ	قطع
abholzen (vt)	azāl al ɣābāt	أزال الغابات
Baumstumpf (m)	ʒiðʿ aʃ ʃaʒara (m)	جذع الشجرة

| Lagerfeuer (n) | nār muxayyam (m) | نار مخيّم |
| Waldbrand (m) | ḥarīq ɣāba (m) | حريق غابة |

löschen (vt)	aṭfa'	أطفأ
Förster (m)	ḥāris al ɣāba (m)	حارس الغابة
Schutz (m)	ḥimāya (f)	حماية
beschützen (vt)	ḥama	حمى
Wilddieb (m)	sāriq aṣ ṣayd (m)	سارق الصيد
Falle (f)	maṣyada (f)	مصيدة
sammeln, pflücken (vt)	ʒamaʿ	جمع
sich verirren	tāh	تاه

84. natürliche Lebensgrundlagen

Naturressourcen (pl)	θarawāt ṭabīʿiyya (pl)	ثروات طبيعيّة
Bodenschätze (pl)	maʿādin (pl)	معادن
Vorkommen (n)	makāmin (pl)	مكامن
Feld (Ölfeld usw.)	ḥaql (m)	حقل
gewinnen (vt)	istaxraʒ	إستخرج
Gewinnung (f)	istixrāʒ (m)	إستخراج
Erz (n)	xām (m)	خام
Bergwerk (n)	manʒam (m)	منجم
Schacht (m)	manʒam (m)	منجم
Bergarbeiter (m)	ʿāmil manʒam (m)	عامل منجم
Erdgas (n)	ɣāz (m)	غاز
Gasleitung (f)	xaṭṭ anābīb ɣāz (m)	خط أنابيب غاز
Erdöl (n)	nafṭ (m)	نفط
Erdölleitung (f)	anābīb an nafṭ (pl)	أنابيب النفط
Ölquelle (f)	bi'r an nafṭ (m)	بئر النفط
Bohrturm (m)	ḥaffāra (f)	حفّارة
Tanker (m)	nāqilat an nafṭ (f)	ناقلة النفط
Sand (m)	raml (m)	رمل
Kalkstein (m)	ḥaʒar kalsiy (m)	حجر كلسيّ
Kies (m)	ḥaṣa (m)	حصى
Torf (m)	xaθθ faḥm nabātiy (m)	خثّ فحم نباتيّ
Ton (m)	ṭīn (m)	طين
Kohle (f)	faḥm (m)	فحم
Eisen (n)	ḥadīd (m)	حديد
Gold (n)	ðahab (m)	ذهب
Silber (n)	fiḍḍa (f)	فضّة
Nickel (n)	nikil (m)	نيكل
Kupfer (n)	nuḥās (m)	نحاس
Zink (n)	zink (m)	زنك
Mangan (n)	manɣanīz (m)	منغنيز
Quecksilber (n)	zi'baq (m)	زئبق
Blei (n)	ruṣāṣ (m)	رصاص

Mineral (n)	ma'dan (m)	معدن
Kristall (m)	ballūra (f)	بلّورة
Marmor (m)	ruxām (m)	رخام
Uran (n)	yurānuim (m)	يورانيوم

85. Wetter

Wetter (n)	ṭaqs (m)	طقس
Wetterbericht (m)	naʃra ʒawwiyya (f)	نشرة جوّية
Temperatur (f)	ḥarāra (f)	حرارة
Thermometer (n)	tirmūmitr (m)	ترمومتر
Barometer (n)	barūmitr (m)	بارومتر

feucht	raṭib	رطب
Feuchtigkeit (f)	ruṭūba (f)	رطوبة
Hitze (f)	ḥarāra (f)	حرارة
glutheiß	ḥārr	حارّ
ist heiß	al ʒaww ḥārr	الجوّ حارّ

| ist warm | al ʒaww dāfiʾ | الجوّ دافئ |
| warm (Adj) | dāfiʾ | دافئ |

ist kalt	al ʒaww bārid	الجوّ بارد
kalt (Adj)	bārid	بارد
Sonne (f)	ʃams (f)	شمس
scheinen (vi)	aḍāʾ	أضاء
sonnig (Adj)	muʃmis	مشمس
aufgehen (vi)	ʃaraq	شرق
untergehen (vi)	ɣarab	غرب

Wolke (f)	saḥāba (f)	سحابة
bewölkt, wolkig	ɣāʾim	غائم
Regenwolke (f)	saḥābat maṭar (f)	سحابة مطر
trüb (-er Tag)	ɣāʾim	غائم

Regen (m)	maṭar (m)	مطر
Es regnet	innaha tamṭur	إنّها تمطر
regnerisch (-er Tag)	mumṭir	ممطر
nieseln (vi)	raðð	رذ

strömender Regen (m)	maṭar munhamir (f)	مطر منهمر
Regenschauer (m)	maṭar ɣazīr (m)	مطر غزير
stark (-er Regen)	ʃadīd	شديد
Pfütze (f)	birka (f)	بركة
nass werden (vi)	ibtall	إبتلّ

Nebel (m)	ḍabāb (m)	ضباب
neblig (-er Tag)	muḍabbab	مضبّب
Schnee (m)	θalʒ (m)	ثلج
Es schneit	innaha taθluʒ	إنّها تثلج

86. Unwetter Naturkatastrophen

Gewitter (n)	ʿāṣifa raʿdiyya (f)	عاصفة رعديّة
Blitz (m)	barq (m)	برق
blitzen (vi)	baraq	برق
Donner (m)	raʿd (m)	رعد
donnern (vi)	raʿad	رعد
Es donnert	tarʿad as samāʾ	ترعد السماء
Hagel (m)	maṭar bard (m)	مطر برد
Es hagelt	tamṭur as samāʾ bardan	تمطر السماء بردًا
überfluten (vt)	ɣamar	غمر
Überschwemmung (f)	fayaḍān (m)	فيضان
Erdbeben (n)	zilzāl (m)	زلزال
Erschütterung (f)	hazza arḍiyya (f)	هزّة أرضيّة
Epizentrum (n)	markaz az zilzāl (m)	مركز الزلزال
Ausbruch (m)	θawrān (m)	ثوران
Lava (f)	ḥumam burkāniyya (pl)	حمم بركانيّة
Wirbelsturm (m), Tornado (m)	iʿṣār (m)	إعصار
Taifun (m)	ṭūfān (m)	طوفان
Orkan (m)	iʿṣār (m)	إعصار
Sturm (m)	ʿāṣifa (f)	عاصفة
Tsunami (m)	tsunāmi (m)	تسونامي
Zyklon (m)	iʿṣār (m)	إعصار
Unwetter (n)	ṭaqs sayyiʾ (m)	طقس سيّء
Brand (m)	ḥarīq (m)	حريق
Katastrophe (f)	kāriθa (f)	كارثة
Meteorit (m)	ḥaʒar nayzakiy (m)	حجر نيزكيّ
Lawine (f)	inhiyār θalʒiy (m)	إنهيار ثلجيّ
Schneelawine (f)	inhiyār θalʒiy (m)	إنهيار ثلجيّ
Schneegestöber (n)	ʿāṣifa θalʒiyya (f)	عاصفة ثلجيّة
Schneesturm (m)	ʿāṣifa θalʒiyya (f)	عاصفة ثلجيّة

T&P BOOKS

FAUNA

87. Säugetiere. Raubtiere
88. Tiere in freier Wildbahn
89. Haustiere
90. Vögel
91. Fische. Meerestiere
92. Amphibien Reptilien
93. Insekten

T&P Books Publishing

87. Säugetiere. Raubtiere

Raubtier (n)	ḥayawān muftaris (m)	حيوان مفترس
Tiger (m)	namir (m)	نمر
Löwe (m)	asad (m)	أسد
Wolf (m)	ðiʾb (m)	ذئب
Fuchs (m)	θaʿlab (m)	ثعلب
Jaguar (m)	namir amrīkiy (m)	نمر أمريكيّ
Leopard (m)	fahd (m)	فهد
Gepard (m)	namir ṣayyād (m)	نمر صيّاد
Panther (m)	namir aswad (m)	نمر أسود
Puma (m)	būma (m)	بوما
Schneeleopard (m)	namir aθ θulūʒ (m)	نمر الثلوج
Luchs (m)	waʃaq (m)	وشق
Kojote (m)	qayūṭ (m)	قيوط
Schakal (m)	ibn ʾāwa (m)	ابن آوى
Hyäne (f)	ḍabuʿ (m)	ضبع

88. Tiere in freier Wildbahn

Tier (n)	ḥayawān (m)	حيوان
Bestie (f)	ḥayawān (m)	حيوان
Eichhörnchen (n)	sinʒāb (m)	سنجاب
Igel (m)	qumfuð (m)	قنفذ
Hase (m)	arnab barriy (m)	أرنب برّيّ
Kaninchen (n)	arnab (m)	أرنب
Dachs (m)	ɣarīr (m)	غرير
Waschbär (m)	rākūn (m)	راكون
Hamster (m)	qidād (m)	قداد
Murmeltier (n)	marmuṭ (m)	مرموط
Maulwurf (m)	χuld (m)	خلد
Maus (f)	faʾr (m)	فأر
Ratte (f)	ʒurað (m)	جرذ
Fledermaus (f)	χuffāʃ (m)	خفّاش
Hermelin (n)	qāqum (m)	قاقم
Zobel (m)	sammūr (m)	سمّور
Marder (m)	dalaq (m)	دلق

| Wiesel (n) | ibn 'irs (m) | إبن عرس |
| Nerz (m) | mink (m) | منك |

| Biber (m) | qundus (m) | قندس |
| Fischotter (m) | quḍā'a (f) | قضاعة |

Pferd (n)	ḥiṣān (m)	حصان
Elch (m)	mūz (m)	موظ
Hirsch (m)	ayyil (m)	أيّل
Kamel (n)	ʒamal (m)	جمل

Bison (m)	bisūn (m)	بيسون
Wisent (m)	θawr barriy (m)	ثور بريّ
Büffel (m)	ʒāmūs (m)	جاموس

Zebra (n)	ḥimār zarad (m)	حمار زرد
Antilope (f)	ẓabiy (m)	ظبي
Reh (n)	yaḥmūr (m)	يحمور
Damhirsch (m)	ayyil asmar urubbiy (m)	أيّل أسمر أوروبيّ
Gämse (f)	ʃamwāh (f)	شامواه
Wildschwein (n)	xinzīr barriy (m)	خنزير بريّ

Wal (m)	ḥūt (m)	حوت
Seehund (m)	fuqma (f)	فقمة
Walroß (n)	faẓẓ (m)	فظ
Seebär (m)	fuqmat al firā' (f)	فقمة الفراء
Delfin (m)	dilfīn (m)	دلفين

Bär (m)	dubb (m)	دبّ
Eisbär (m)	dubb quṭbiy (m)	دبّ قطبيّ
Panda (m)	bānda (m)	باندا

Affe (m)	qird (m)	قرد
Schimpanse (m)	ʃimbanzi (m)	شيمبانزي
Orang-Utan (m)	urangutān (m)	أورنغوتان
Gorilla (m)	ɣurīlla (f)	غوريلا
Makak (m)	qird al makāk (m)	قرد المكاك
Gibbon (m)	ʒibbūn (m)	جيبون

| Elefant (m) | fīl (m) | فيل |
| Nashorn (n) | xartīt (m) | خرتيت |

| Giraffe (f) | zarāfa (f) | زرافة |
| Flusspferd (n) | faras an nahr (m) | فرس النهر |

| Känguru (n) | kanɣar (m) | كنغر |
| Koala (m) | kuala (m) | كوالا |

Manguste (f)	nims (m)	نمس
Chinchilla (n)	ʃinʃīla (f)	شنشيلة
Stinktier (n)	ẓaribān (m)	ظربان
Stachelschwein (n)	nīṣ (m)	نيص

89. Haustiere

Katze (f)	qiṭṭa (f)	قطة
Kater (m)	ðakar al qiṭṭ (m)	ذكر القط
Hund (m)	kalb (m)	كلب
Pferd (n)	ḥiṣān (m)	حصان
Hengst (m)	faḥl al xayl (m)	فحل الخيل
Stute (f)	unθa al faras (f)	أنثى الفرس
Kuh (f)	baqara (f)	بقرة
Stier (m)	θawr (m)	ثور
Ochse (m)	θawr (m)	ثور
Schaf (n)	xarūf (f)	خروف
Widder (m)	kabʃ (m)	كبش
Ziege (f)	māʿiz (m)	ماعز
Ziegenbock (m)	ðakar al māʿið (m)	ذكر الماعز
Esel (m)	ḥimār (m)	حمار
Maultier (n)	baɣl (m)	بغل
Schwein (n)	xinzīr (m)	خنزير
Ferkel (n)	xannūṣ (m)	خنّوص
Kaninchen (n)	arnab (m)	أرنب
Huhn (n)	daʒāʒa (f)	دجاجة
Hahn (m)	dīk (m)	ديك
Ente (f)	baṭṭa (f)	بطة
Enterich (m)	ðakar al baṭṭ (m)	ذكر البط
Gans (f)	iwazza (f)	إوزة
Puter (m)	dīk rūmiy (m)	ديك رومي
Pute (f)	daʒāʒ rūmiy (m)	دجاج رومي
Haustiere (pl)	ḥayawānāt dawāʒin (pl)	حيوانات دواجن
zahm	alīf	أليف
zähmen (vt)	allaf	ألَف
züchten (vt)	rabba	ربّى
Farm (f)	mazraʿa (f)	مزرعة
Geflügel (n)	ṭuyūr dāʒina (pl)	طيور داجنة
Vieh (n)	māʃiya (f)	ماشية
Herde (f)	qaṭīʿ (m)	قطيع
Pferdestall (m)	isṭabl xayl (m)	إسطبل خيل
Schweinestall (m)	ḥaẓīrat al xanāzīr (f)	حظيرة الخنازير
Kuhstall (m)	zirībat al baqar (f)	زريبة البقر
Kaninchenstall (m)	qunn al arānib (m)	قن الأرانب
Hühnerstall (m)	qunn ad daʒāʒ (m)	قن الدجاج

90. Vögel

Vogel (m)	ṭā'ir (m)	طائر
Taube (f)	ḥamāma (f)	حمامة
Spatz (m)	ʿuṣfūr (m)	عصفور
Meise (f)	qurquf (m)	قرقف
Elster (f)	ʿaqʿaq (m)	عقعق
Rabe (m)	ɣurāb aswad (m)	غراب أسود
Krähe (f)	ɣurāb (m)	غراب
Dohle (f)	zāɣ (m)	زاغ
Saatkrähe (f)	ɣurāb al qayẓ (m)	غراب القيظ
Ente (f)	baṭṭa (f)	بطة
Gans (f)	iwazza (f)	إوزة
Fasan (m)	tadarruʒ (m)	تدرج
Adler (m)	nasr (m)	نسر
Habicht (m)	bāz (m)	باز
Falke (m)	ṣaqr (m)	صقر
Greif (m)	raχam (m)	رخم
Kondor (m)	kundūr (m)	كندور
Schwan (m)	timma (m)	تمّة
Kranich (m)	kurkiy (m)	كركي
Storch (m)	laqlaq (m)	لقلق
Papagei (m)	babaɣā' (m)	ببغاء
Kolibri (m)	ṭannān (m)	طنّان
Pfau (m)	ṭāwūs (m)	طاووس
Strauß (m)	naʿāma (f)	نعامة
Reiher (m)	balaʃūn (m)	بلشون
Flamingo (m)	nuḥām wardiy (m)	نحام ورديّ
Pelikan (m)	baʒaʿa (f)	بجعة
Nachtigall (f)	bulbul (m)	بلبل
Schwalbe (f)	sunūnū (m)	سنونو
Drossel (f)	sumna (m)	سمنة
Singdrossel (f)	summuna muɣarrida (m)	سمنة مغرّدة
Amsel (f)	ʃaḥrūr aswad (m)	شحرور أسود
Segler (m)	samāma (m)	سمامة
Lerche (f)	qubbara (f)	قبّرة
Wachtel (f)	sammān (m)	سمّان
Specht (m)	naqqār al χaʃab (m)	نقّار الخشب
Kuckuck (m)	waqwāq (m)	وقواق
Eule (f)	būma (f)	بومة
Uhu (m)	būm urāsiy (m)	بوم أوراسيّ

Auerhahn (m)	dīk il χalanʒ (m)	ديك الخلنج
Birkhahn (m)	ṭayhūʒ aswad (m)	طيهوج أسود
Rebhuhn (n)	ḥaʒal (m)	حجل
Star (m)	zurzūr (m)	زرزور
Kanarienvogel (m)	kanāriy (m)	كناري
Haselhuhn (n)	ṭayhūʒ il bunduq (m)	طيهوج البندق
Buchfink (m)	ʃurʃūr (m)	شرشور
Gimpel (m)	diɣnāʃ (m)	دغناش
Möwe (f)	nawras (m)	نورس
Albatros (m)	al qaṭras (m)	القطرس
Pinguin (m)	biṭrīq (m)	بطريق

91. Fische. Meerestiere

Brachse (f)	abramīs (m)	أبراميس
Karpfen (m)	ʃabbūṭ (m)	شبوط
Barsch (m)	farχ (m)	فرخ
Wels (m)	qarmūṭ (m)	قرموط
Hecht (m)	samak al karāki (m)	سمك الكراكي
Lachs (m)	salmūn (m)	سلمون
Stör (m)	ḥaʃʃ (m)	حفش
Hering (m)	rinʒa (f)	رنجة
atlantische Lachs (m)	salmūn aṭlasiy (m)	سلمون أطلسي
Makrele (f)	usqumriy (m)	أسقمري
Scholle (f)	samak mufalṭaḥ (f)	سمك مفلطح
Zander (m)	samak sandar (m)	سمك سندر
Dorsch (m)	qudd (m)	قد
Tunfisch (m)	tūna (f)	تونة
Forelle (f)	salmūn muraqqaṭ (m)	سلمون مرقط
Aal (m)	ḥankalīs (m)	حنكليس
Zitterrochen (m)	ra"ād (m)	رعاد
Muräne (f)	murāy (m)	موراي
Piranha (m)	birāna (f)	بيرانا
Hai (m)	qirʃ (m)	قرش
Delfin (m)	dilfīn (m)	دلفين
Wal (m)	ḥūt (m)	حوت
Krabbe (f)	salṭaˤūn (m)	سلطعون
Meduse (f)	qindīl al baḥr (m)	قنديل البحر
Krake (m)	uχṭubūṭ (m)	أخطبوط
Seestern (m)	naʒmat al baḥr (f)	نجمة البحر
Seeigel (m)	qumfuð al baḥr (m)	قنفذ البحر

Seepferdchen (n)	ḥiṣān al baḥr (m)	فرس البحر
Auster (f)	maḥār (m)	محار
Garnele (f)	ʒambari (m)	جمبري
Hummer (m)	istakūza (f)	إستكوزا
Languste (f)	karkand ʃāik (m)	كركند شائك

92. Amphibien Reptilien

Schlange (f)	θuʻbān (m)	ثعبان
Gift-, giftig	sāmm	سام
Viper (f)	afʻa (f)	أفعى
Kobra (f)	kūbra (m)	كوبرا
Python (m)	biθūn (m)	بيثون
Boa (f)	buwāʼ (f)	بواء
Ringelnatter (f)	θuʻbān al ʻuʃb (m)	ثعبان العشب
Klapperschlange (f)	afʻa al ʒalʒala (f)	أفعى الجلجلة
Anakonda (f)	anakūnda (f)	أناكوندا
Eidechse (f)	siḥliyya (f)	سحلية
Leguan (m)	iɣwāna (f)	إغوانة
Waran (m)	waral (m)	ورل
Salamander (m)	samandar (m)	سمندر
Chamäleon (n)	ḥirbāʼ (f)	حرباء
Skorpion (m)	ʻaqrab (m)	عقرب
Schildkröte (f)	sulaḥfāt (f)	سلحفاة
Frosch (m)	ḍifḍaʻ (m)	ضفدع
Kröte (f)	ḍifḍaʻ aṭ ṭīn (m)	ضفدع الطين
Krokodil (n)	timsāḥ (m)	تمساح

93. Insekten

Insekt (n)	ḥaʃara (f)	حشرة
Schmetterling (m)	farāʃa (f)	فراشة
Ameise (f)	namla (f)	نملة
Fliege (f)	ðubāba (f)	ذبابة
Mücke (f)	namūsa (f)	ناموسة
Käfer (m)	ҳunfusa (f)	خنفسة
Wespe (f)	dabbūr (m)	دبّور
Biene (f)	naḥla (f)	نحلة
Hummel (f)	naḥla ṭannāna (f)	نحلة طنّانة
Bremse (f)	naʻra (f)	نعرة
Spinne (f)	ʻankabūt (m)	عنكبوت
Spinnennetz (n)	nasīʒ ʻankabūt (m)	نسيج عنكبوت

Libelle (f)	ya'sūb (m)	يعسوب
Grashüpfer (m)	ʒarād (m)	جراد
Schmetterling (m)	'itta (f)	عثّة
Schabe (f)	ṣurṣūr (m)	صرصور
Zecke (f)	qurāda (f)	قرادة
Floh (m)	burɣūθ (m)	برغوث
Kriebelmücke (f)	ba'ūḍa (f)	بعوضة
Heuschrecke (f)	ʒarād (m)	جراد
Schnecke (f)	ḥalzūn (m)	حلزون
Heimchen (n)	ṣarrār al layl (m)	صرّار الليل
Leuchtkäfer (m)	yarā'a muḍī'a (f)	يراعة مضيئة
Marienkäfer (m)	da'sūqa (f)	دعسوقة
Maikäfer (m)	χunfusa kabīra (f)	خنفسة كبيرة
Blutegel (m)	'alaqa (f)	علقة
Raupe (f)	yasrū' (m)	يسروع
Wurm (m)	dūda (f)	دودة
Larve (f)	yaraqa (f)	يرقة

FLORA

94. Bäume
95. Büsche
96. Obst. Beeren
97. Blumen. Pflanzen
98. Getreide, Körner

T&P Books Publishing

Baum (m)	ʃaʒara (f)	شجرة
Laub-	nafḍiyya	نفضيّة
Nadel-	ṣanawbariyya	صنوبريّة
immergrün	dāʼimat al χuḍra	دائمة الخضرة
Apfelbaum (m)	ʃaʒarat tuffāḥ (f)	شجرة تفّاح
Birnbaum (m)	ʃaʒarat kummaθra (f)	شجرة كمّثرى
Kirschbaum (m)	ʃaʒarat karaz (f)	شجرة كرز
Pflaumenbaum (m)	ʃaʒarat barqūq (f)	شجرة برقوق
Birke (f)	batūla (f)	بتولا
Eiche (f)	ballūṭ (f)	بلّوط
Linde (f)	ʃaʒarat zayzafūn (f)	شجرة زيزفون
Espe (f)	ḥawr raʒrāʒ (m)	حور رجراج
Ahorn (m)	qayqab (f)	قيقب
Fichte (f)	ratinaʒ (f)	راتينج
Kiefer (f)	ṣanawbar (f)	صنوبر
Lärche (f)	arziyya (f)	أرزيّة
Tanne (f)	tannūb (f)	تنّوب
Zeder (f)	arz (f)	أرز
Pappel (f)	ḥawr (f)	حور
Vogelbeerbaum (m)	ɣubayrāʼ (f)	غبيراء
Weide (f)	ṣafṣāf (f)	صفصاف
Erle (f)	ʒār il māʼ (m)	جار الماء
Buche (f)	zān (m)	زان
Ulme (f)	dardār (f)	دردار
Esche (f)	marān (f)	مران
Kastanie (f)	kastanāʼ (f)	كستناء
Magnolie (f)	maɣnūliya (f)	مغنوليا
Palme (f)	naχla (f)	نخلة
Zypresse (f)	sarw (f)	سرو
Mangrovenbaum (m)	ayka sāḥiliyya (f)	أيكة ساحليّة
Baobab (m)	bāubāb (f)	باوباب
Eukalyptus (m)	ukaliptus (f)	أوكالبتوس
Mammutbaum (m)	siqūya (f)	سيكويا

95. Büsche

Strauch (m)	ʃuʒayra (f)	شجيرة
Gebüsch (n)	ʃuʒayrāt (pl)	شجيرات
Weinstock (m)	karma (f)	كرمة
Weinberg (m)	karam (m)	كرم
Himbeerstrauch (m)	tūt al ʿullayq al aḥmar (m)	توت العليق الأحمر
rote Johannisbeere (f)	kiʃmiʃ aḥmar (m)	كشمش أحمر
Stachelbeerstrauch (m)	ʿinab aθ θaʿlab (m)	عنب الثعلب
Akazie (f)	sanṭ (f)	سنط
Berberitze (f)	amīr barīs (m)	أمير باريس
Jasmin (m)	yāsmīn (m)	ياسمين
Wacholder (m)	ʿarʿar (m)	عرعر
Rosenstrauch (m)	ʃuʒayrat ward (f)	شجيرة ورد
Heckenrose (f)	ward ʒabaliy (m)	ورد جبليّ

96. Obst. Beeren

Frucht (f)	θamra (f)	ثمرة
Früchte (pl)	θamr (m)	ثمر
Apfel (m)	tuffāḥa (f)	تفّاحة
Birne (f)	kummaθra (f)	كمّثرى
Pflaume (f)	barqūq (m)	برقوق
Erdbeere (f)	farawla (f)	فراولة
Kirsche (f)	karaz (m)	كرز
Weintrauben (pl)	ʿinab (m)	عنب
Himbeere (f)	tūt al ʿullayq al aḥmar (m)	توت العليق الأحمر
schwarze Johannisbeere (f)	ʿinab aθ θaʿlab al aswad	عنب الثعلب الأسود
rote Johannisbeere (f)	kiʃmiʃ aḥmar (m)	كشمش أحمر
Stachelbeere (f)	ʿinab aθ θaʿlab (m)	عنب الثعلب
Moosbeere (f)	tūt aḥmar barriy (m)	توت أحمر برّيّ
Apfelsine (f)	burtuqāl (m)	برتقال
Mandarine (f)	yūsufiy (m)	يوسفي
Ananas (f)	ananās (m)	أناناس
Banane (f)	mawz (m)	موز
Dattel (f)	tamr (m)	تمر
Zitrone (f)	laymūn (m)	ليمون
Aprikose (f)	miʃmiʃ (f)	مشمش
Pfirsich (m)	durrāq (m)	دراق
Kiwi (f)	kiwi (m)	كيوي

Grapefruit (f)	zinbāʿ (m)	زنباع
Beere (f)	ḥabba (f)	حبة
Beeren (pl)	ḥabbāt (pl)	حبات
Preiselbeere (f)	ʿinab aθ θawr (m)	عنب الثور
Walderdbeere (f)	farāwla barriyya (f)	فراولة برّية
Heidelbeere (f)	ʿinab al aḥrāʒ (m)	عنب الأحراج

97. Blumen. Pflanzen

Blume (f)	zahra (f)	زهرة
Blumenstrauß (m)	bāqat zuhūr (f)	باقة زهور
Rose (f)	warda (f)	وردة
Tulpe (f)	tulīb (f)	توليب
Nelke (f)	qurumful (m)	قرنفل
Gladiole (f)	dalbūθ (f)	دلبوث
Kornblume (f)	turunʃāh (m)	ترنشاه
Glockenblume (f)	ʒarīs (m)	جريس
Löwenzahn (m)	hindibāʾ (f)	هندباء
Kamille (f)	babunʒ (m)	بابونج
Aloe (f)	aluwwa (m)	ألوّة
Kaktus (m)	ṣabbār (m)	صبّار
Gummibaum (m)	tīn (m)	تين
Lilie (f)	sawsan (m)	سوسن
Geranie (f)	ibrat ar rāʿi (f)	إبرة الراعي
Hyazinthe (f)	zanbaq (f)	زنبق
Mimose (f)	mimūza (f)	ميموزا
Narzisse (f)	narʒis (f)	نرجس
Kapuzinerkresse (f)	abu xanʒar (f)	أبو خنجر
Orchidee (f)	saḥlab (f)	سحلب
Pfingstrose (f)	fawniya (f)	فاوانيا
Veilchen (n)	banafsaʒ (f)	بنفسج
Stiefmütterchen (n)	banafsaʒ muθallaθ (m)	بنفسج مثلث
Vergissmeinnicht (n)	ʾāðān al faʾr (pl)	آذان الفأر
Gänseblümchen (n)	uqḥuwān (f)	أقحوان
Mohn (m)	xaʃxāʃ (f)	خشخاش
Hanf (m)	qinnab (m)	قنب
Minze (f)	naʿnāʿ (m)	نعناع
Maiglöckchen (n)	sawsan al wādi (m)	سوسن الوادي
Schneeglöckchen (n)	zahrat al laban (f)	زهرة اللبن
Brennnessel (f)	qarrāṣ (m)	قرّاص
Sauerampfer (m)	ḥammāḍ (m)	حمّاض

Seerose (f)	nilūfar (m)	نيلوفر
Farn (m)	saraxs (m)	سرخس
Flechte (f)	uʃna (f)	أشنة

Gewächshaus (n)	daffi'a (f)	دفيئة
Rasen (m)	ʿuʃb (m)	عشب
Blumenbeet (n)	ȝunaynat zuhūr (f)	جنينة زهور

Pflanze (f)	nabāt (m)	نبات
Gras (n)	ʿuʃb (m)	عشب
Grashalm (m)	ʿuʃba (f)	عشبة

Blatt (n)	waraqa (f)	ورقة
Blütenblatt (n)	waraqat az zahra (f)	ورقة الزهرة
Stiel (m)	sāq (f)	ساق
Knolle (f)	darnat nabāt (f)	درنة نبات

| Jungpflanze (f) | nabta sayīra (f) | نبتة صغيرة |
| Dorn (m) | ʃawka (f) | شوكة |

blühen (vi)	nawwar	نوّر
welken (vi)	ðabal	ذبل
Geruch (m)	rā'iha (f)	رائحة
abschneiden (vt)	qataʿ	قطع
pflücken (vt)	qataf	قطف

98. Getreide, Körner

Getreide (n)	hubūb (pl)	حبوب
Getreidepflanzen (pl)	mahāṣīl al hubūb (pl)	محاصيل الحبوب
Ähre (f)	sumbula (f)	سنبلة

Weizen (m)	qamh (m)	قمح
Roggen (m)	ȝāwdār (m)	جاودار
Hafer (m)	ʃūfān (m)	شوفان
Hirse (f)	duxn (m)	دخن
Gerste (f)	ʃaʿir (m)	شعير

Mais (m)	ðura (f)	ذرّة
Reis (m)	urz (m)	أرز
Buchweizen (m)	hinta sawdā' (f)	حنطة سوداء

Erbse (f)	bisilla (f)	بسلّة
weiße Bohne (f)	faṣūliya (f)	فاصوليا
Sojabohne (f)	fūl aṣ ṣūya (m)	فول الصويا
Linse (f)	ʿadas (m)	عدس
Bohnen (pl)	fūl (m)	فول

T&P BOOKS

LÄNDER DER WELT

99. Länder. Teil 1
100. Länder. Teil 2
101. Länder. Teil 3

T&P Books Publishing

Afghanistan	afɣanistān (f)	أفغانستان
Ägypten	miṣr (f)	مصر
Albanien	albāniya (f)	ألبانيا
Argentinien	arʒantīn (f)	الأرجنتين
Armenien	armīniya (f)	أرمينيا
Aserbaidschan	aðarbiʒān (m)	أذربيجان
Australien	usturāliya (f)	أستراليا
Bangladesch	banʒladīʃ (f)	بنجلاديش
Belgien	balʒīka (f)	بلجيكا
Bolivien	bulīviya (f)	بوليفيا
Bosnien und Herzegowina	al busna wal hirsuk (f)	البوسنة والهرسك
Brasilien	al brazīl (f)	البرازيل
Bulgarien	bulɣāriya (f)	بلغاريا
Chile	tʃīli (f)	تشيلي
China	aṣ ṣīn (f)	الصين
Dänemark	ad danimārk (f)	الدانمارك
Deutschland	almāniya (f)	ألمانيا
Die Bahamas	ʒuzur bahāmas (pl)	جزر باهاماس
Die Vereinigten Staaten	al wilāyāt al muttaḥida al amrīkiyya (pl)	الولايات المتّحدة الأمريكيّة
Dominikanische Republik	ʒumhūriyyat ad duminikan (f)	جمهوريّة الدومينيكان
Ecuador	al iqwadūr (f)	الإكوادور
England	inʒiltirra (f)	إنجلترا
Estland	istūniya (f)	إستونيا
Finnland	finlanda (f)	فنلندا
Frankreich	faransa (f)	فرنسا
Französisch-Polynesien	bulinīziya al faransiyya (f)	بولينيزيا الفرنسيّة
Georgien	ʒūrʒiya (f)	جورجيا
Ghana	ɣāna (f)	غانا
Griechenland	al yūnān (f)	اليونان
Großbritannien	briṭāniya al ʿuẓma (f)	بريطانيا العظمى
Haiti	haīti (f)	هايتي
Indien	al hind (f)	الهند
Indonesien	indunīsiya (f)	إندونيسيا
Irak	al ʿirāq (m)	العراق
Iran	ʔīrān (f)	إيران
Irland	irlanda (f)	أيرلندا
Island	ʔāyslanda (f)	آيسلندا

| Israel | isrāʔīl (f) | إسرائيل |
| Italien | iṭāliya (f) | إيطاليا |

100. Länder. Teil 2

Jamaika	ʒamāyka (f)	جامايكا
Japan	al yabān (f)	اليابان
Jordanien	al urdun (m)	الأردن

Kambodscha	kambūdya (f)	كمبوديا
Kanada	kanada (f)	كندا
Kasachstan	kazaxstān (f)	كازاخستان
Kenia	kiniya (f)	كينيا
Kirgisien	qiryizistān (f)	قيرغيزستان
Kolumbien	kulumbiya (f)	كولومبيا
Kroatien	kruātiya (f)	كرواتيا

| Kuba | kūba (f) | كوبا |
| Kuwait | al kuwayt (f) | الكويت |

Laos	lawus (f)	لاوس
Lettland	lātviya (f)	لاتفيا
Libanon (m)	lubnān (f)	لبنان
Libyen	lībiya (f)	ليبيا
Liechtenstein	liʃtinʃtāyn (m)	ليشتنشتاين

| Litauen | litwāniya (f) | ليتوانيا |
| Luxemburg | luksimbury (f) | لوكسمبورغ |

Madagaskar	madayaʃqar (f)	مدغشقر
Makedonien	maqdūniya (f)	مقدونيا
Malaysia	malīziya (f)	ماليزيا
Malta	malṭa (f)	مالطا
Marokko	al mayrib (m)	المغرب
Mexiko	al maksīk (f)	المكسيك
Moldawien	muldāviya (f)	مولدافيا
Monaco	munāku (f)	موناكو
Mongolei (f)	manyūliya (f)	منغوليا

| Montenegro | al ʒabal al aswad (m) | الجبل الأسود |
| Myanmar | myanmār (f) | ميانمار |

| Namibia | namībiya (f) | ناميبيا |
| Nepal | nibāl (f) | نيبال |

Neuseeland	nyu zilanda (f)	نيوزيلندا
Niederlande (f)	hulanda (f)	هولندا
Nordkorea	kūria aʃ ʃimāliyya (f)	كوريا الشماليّة
Norwegen	an nirwīʒ (f)	النرويج
Österreich	an nimsa (f)	النمسا

101. Länder. Teil 3

Pakistan	bakistān (f)	باكستان
Palästina	filisṭīn (f)	فلسطين
Panama	banama (f)	بنما
Paraguay	baraɣwāy (f)	باراغواي
Peru	biru (f)	بيرو
Polen	bulanda (f)	بولندا
Portugal	al burtuɣāl (f)	البرتغال
Republik Südafrika	ʒumhūriyyat afrīqiya al ʒanūbiyya (f)	جمهريّة أفريقيا الجنوبيّة
Rumänien	rumāniya (f)	رومانيا
Russland	rūsiya (f)	روسيا
Sansibar	zanʒibār (f)	زنجبار
Saudi-Arabien	as saʿūdiyya (f)	السعوديّة
Schottland	iskutlanda (f)	اسكتلندا
Schweden	as suwayd (f)	السويد
Schweiz (f)	swīsra (f)	سويسرا
Senegal	as siniɣāl (f)	السنغال
Serbien	ṣirbiya (f)	صربيا
Slowakei (f)	sluvākiya (f)	سلوفاكيا
Slowenien	sluvīniya (f)	سلوفينيا
Spanien	isbāniya (f)	إسبانيا
Südkorea	kuriya al ʒanūbiyya (f)	كوريا الجنوبيّة
Suriname	surinām (f)	سورينام
Syrien	sūriya (f)	سوريا
Tadschikistan	ṭaʒīkistān (f)	طاجيكستان
Taiwan	taywān (f)	تايوان
Tansania	tanzāniya (f)	تنزانيا
Tasmanien	tasmāniya (f)	تاسمانيا
Thailand	taylānd (f)	تايلند
Tschechien	atʃ tʃīk (f)	التشيك
Tunesien	tūnis (f)	تونس
Türkei (f)	turkiya (f)	تركيا
Turkmenistan	turkmānistān (f)	تركمانستان
Ukraine (f)	ukrāniya (f)	أوكرانيا
Ungarn	al maʒar (f)	المجر
Uruguay	uruɣwāy (f)	الأوروغواي
Usbekistan	uzbikistān (f)	أوزبكستان
Vatikan (m)	al vatikān (m)	الفاتيكان
Venezuela	vinizwiyla (f)	فنزويلا
Vereinigten Arabischen Emirate	al imārāt al ʿarabiyya al muttaḥida (pl)	الإمارات العربيّة المتّحدة
Vietnam	vitnām (f)	فيتنام
Weißrussland	bilarūs (f)	بيلاروس
Zypern	qubruṣ (f)	قبرص

GASTRONOMISCHES WÖRTERBUCH

Dieser Teil beinhaltet viele
Wörter und Begriffe im
Zusammenhang mit
Lebensmitteln.
Dieses Wörterbuch wird es
einfacher für Sie machen,
um das Menü in einem
Restaurant zu verstehen
und die richtige Speise
zu wählen

T&P Books Publishing

Ähre (f)	sumbula (f)	سنبلة
Aal (m)	ḥankalīs (m)	حنكليس
Abendessen (n)	'aʃā' (m)	عشاء
alkoholfrei	bi dūn kuḥūl	بدون كحول
alkoholfreies Getränk (n)	maʃrūb ɣāziy (m)	مشروب غازي
Ananas (f)	ananās (m)	أناناس
Anis (m)	yānsūn (m)	يانسون
Aperitif (m)	ʃarāb (m)	شراب
Apfel (m)	tuffāḥa (f)	تفّاحة
Apfelsine (f)	burtuqāl (m)	برتقال
Appetit (m)	ʃahiyya (f)	شهيّة
Aprikose (f)	miʃmiʃ (f)	مشمش
Artischocke (f)	xurʃūf (m)	خرشوف
atlantische Lachs (m)	salmūn aṭlasiy (m)	سلمون أطلسي
Aubergine (f)	bātinɡān (m)	باذنجان
Auster (f)	maḥār (m)	محار
Avocado (f)	avukādu (f)	افوكاتو
Banane (f)	mawz (m)	موز
Bar (f)	bār (m)	بار
Barmixer (m)	bārman (m)	بارمان
Barsch (m)	farx (m)	فرخ
Basilikum (n)	rīḥān (m)	ريحان
Beefsteak (n)	biftīk (m)	بفتيك
Beere (f)	ḥabba (f)	حبّة
Beeren (pl)	ḥabbāt (pl)	حبّات
Beigeschmack (m)	al maðāq al 'āliq fil fam (m)	المذاق العالق فى الفم
Beilage (f)	ṭabaq ɡānibiy (m)	طبق جانبي
belegtes Brot (n)	sandawitʃ (m)	ساندويتش
Bier (n)	bīra (f)	بيرة
Birkenpilz (m)	fuṭr bulīṭ (m)	فطر بوليط
Birne (f)	kummaθra (f)	كمّثرى
bitter	murr	مرّ
Blumenkohl (m)	qarnabīṭ (m)	قرنبيط
Bohnen (pl)	fūl (m)	فول
Bonbon (m, n)	bumbūn (m)	بونبون
Brühe (f), Bouillon (f)	maraq (m)	مرق
Brachse (f)	abramīs (m)	أبراميس
Brei (m)	'aṣīda (f)	عصيدة
Brokkoli (m)	brukuli (m)	بركولي
Brombeere (f)	θamar al 'ullayk (m)	ثمر العليق
Brot (n)	xubz (m)	خبز
Buchweizen (m)	ḥinṭa sawdā' (f)	حنطة سوداء
Butter (f)	zubda (f)	زبدة
Buttercreme (f)	krīmat zubda (f)	كريمة زبدة

Cappuccino (m)	kaputʃīnu (m)	كابتشينو
Champagner (m)	ʃambāniya (f)	شمبانيا
Cocktail (m)	kuktayl (m)	كوكتيل
Dattel (f)	tamr (m)	تمر
Diät (f)	ḥimya ɣaðā'iyya (f)	حمية غذائية
Dill (m)	ʃabat (m)	شبت
Dorsch (m)	samak al qudd (m)	سمك القدّ
Dosenöffner (m)	fattāḥa (f)	فتّاحة
Dunkelbier (n)	bīra ɣāmiqa (f)	بيرة غامقة
Ei (n)	bayḍa (f)	بيضة
Eier (pl)	bayḍ (m)	بيض
Eigelb (n)	ṣafār al bayḍ (m)	صفار البيض
Eis (n)	θalʒ (m)	ثلج
Eis (n)	muθallaʒāt (pl)	مثلّجات
Eiweiß (n)	bayāḍ al bayḍ (m)	بياض البيض
Ente (f)	baṭṭa (f)	بطّة
Erbse (f)	bisilla (f)	بسلّة
Erdbeere (f)	farawla (f)	فراولة
Erdnuss (f)	fūl sudāniy (m)	فول سودانيّ
Erfrischungsgetränk (n)	maʃrūb muθallaʒ (m)	مشروب مثلّج
essbarer Pilz (m)	fuṭr ṣāliḥ lil akl (m)	فطر صالح للأكل
Essen (n)	akl (m)	أكل
Essig (m)	χall (m)	خلّ
Esslöffel (m)	milʕaqa kabīra (f)	ملعقة كبيرة
Füllung (f)	ḥaʃwa (f)	حشوة
Feige (f)	tīn (m)	تين
Fett (n)	duhūn (pl)	دهون
Fisch (m)	samak (m)	سمك
Flaschenöffner (m)	fattāḥa (f)	فتّاحة
Fleisch (n)	laḥm (m)	لحم
Fliegenpilz (m)	fuṭr amānīt aṭ ṭā'ir as sāmm	فطر أمانيت الطائر السامّ
Forelle (f)	salmūn muraqqaṭ (m)	سلمون مرقّط
Früchte (pl)	θamr (m)	ثمر
Frühstück (n)	fuṭūr (m)	فطور
frisch gepresster Saft (m)	ʕaṣīr ṭāziʒ (m)	عصير طازج
Frucht (f)	fākiha (f)	فاكهة
Gabel (f)	ʃawka (f)	شوكة
Gans (f)	iwazza (f)	إوزّة
Garnele (f)	ʒambari (m)	جمبريّ
gebraten	maqliy	مقليّ
gekocht	maslūq	مسلوق
Gemüse (n)	χuḍār (pl)	خضار
geräuchert	mudaχχin	مدخّن
Gericht (n)	waʒba (f)	وجبة
Gerste (f)	ʃaʕīr (m)	شعير
Geschmack (m)	ṭaʕm (m)	طعم
Getreide (n)	ḥubūb (pl)	حبوب
Getreidepflanzen (pl)	maḥāṣīl al ḥubūb (pl)	محاصيل الحبوب
getrocknet	muʒaffaf	مجفف
Gewürz (n)	tābil (m)	تابل
Gewürz (n)	bahār (m)	بهار

Giftpilz (m)	fuṭr sāmm (m)	فطر سامّ
Gin (m)	ʒīn (m)	جين
Grüner Knollenblätterpilz (m)	fuṭr amānīt falusyāniy as sāmm (m)	فطر أمانيت فالوسياني السامّ
grüner Tee (m)	ʃāy axḍar (m)	شاي أخضر
grünes Gemüse (pl)	xuḍrawāt waraqiyya (pl)	خضروات ورقيّة
Grütze (f)	ḥubūb (pl)	حبوب
Granatapfel (m)	rummān (m)	رمان
Grapefruit (f)	zinbāʿ (m)	زنباع
Gurke (f)	xiyār (m)	خيار
Guten Appetit!	hanīʾan marīʾan!	هنيئًا مريئًا!
Hühnerfleisch (n)	daʒāʒ (m)	دجاج
Hackfleisch (n)	ḥaʃwa (f)	حشوة
Hafer (m)	ʃūfān (m)	شوفان
Hai (m)	qirʃ (m)	قرش
Hamburger (m)	hamburger (m)	هامبورجر
Hammelfleisch (n)	laḥm aḍ ḍaʾn (m)	لحم الضأن
Haselnuss (f)	bunduq (m)	بندق
Hecht (m)	samak al karāki (m)	سمك الكراكي
heiß	sāxin	ساخن
Heidelbeere (f)	ʿinab al aḥrāʒ (m)	عنب الأحراج
Heilbutt (m)	samak al halbūt (m)	سمك الهلبوت
Helles (n)	bīra xafīfa (f)	بيرة خفيفة
Hering (m)	rinʒa (f)	رنجة
Himbeere (f)	tūt al ʿullayq al aḥmar (m)	توت العليق الأحمر
Hirse (f)	duxn (m)	دخن
Honig (m)	ʿasal (m)	عسل
Ingwer (m)	zanʒabīl (m)	زنجبيل
Joghurt (m, f)	yūɣurt (m)	يوغورت
Käse (m)	ʒubna (f)	جبنة
Küche (f)	maṭbax (m)	مطبخ
Kümmel (m)	karāwiya (f)	كراوية
Kürbis (m)	qarʿ (m)	قرع
Kaffee (m)	qahwa (f)	قهوة
Kalbfleisch (n)	laḥm il ʿiʒl (m)	لحم العجل
Kalmar (m)	kalmāri (m)	كالماري
Kalorie (f)	suʿra ḥarāriyya (f)	سعرة حراريّة
kalt	bārid	بارد
Kaninchenfleisch (n)	arnab (m)	أرنب
Karotte (f)	ʒazar (m)	جزر
Karpfen (m)	ʃabbūṭ (m)	شبّوط
Kartoffel (f)	baṭāṭis (f)	بطاطس
Kartoffelpüree (n)	harīs baṭāṭis (m)	هريس بطاطس
Kaugummi (m, n)	ʿilk (m)	علك
Kaviar (m)	kaviyār (m)	كافيار
Keks (m, n)	baskawīt (m)	بسكويت
Kellner (m)	nādil (m)	نادل
Kellnerin (f)	nādila (f)	نادلة
Kiwi, Kiwifrucht (f)	kiwi (m)	كيوي
Knoblauch (m)	θūm (m)	ثوم
Kognak (m)	kunyāk (m)	كونياك
Kohl (m)	kurumb (m)	كرنب

Kohlenhydrat (n)	naʃawiyyāt (pl)	نشويّات
Kokosnuss (f)	ʒawz al hind (m)	جوز هند
Kondensmilch (f)	ḥalīb mukaθθaf (m)	حليب مكثّف
Konditorwaren (pl)	ḥalawiyyāt (pl)	حلويّات
Konfitüre (f)	murabba (m)	مربّى
Konserven (pl)	muʿallabāt (pl)	معلبات
Kopf Salat (m)	χass (m)	خس
Koriander (m)	kuzbara (f)	كزبرة
Korkenzieher (m)	barrīma (f)	برّيمة
Krümel (m)	futāta (f)	فتاتة
Krabbe (f)	salṭaʿūn (m)	سلطعون
Kuchen (m)	kaʿk (m)	كعك
Kuchen (m)	faṭīra (f)	فطيرة
Löffel (m)	milʿaqa (f)	ملعقة
Lachs (m)	salmūn (m)	سلمون
Languste (f)	karkand ʃāik (m)	كركند شائك
Leber (f)	kibda (f)	كبدة
lecker	laðīð	لذيذ
Likör (m)	liqiūr (m)	ليكيور
Limonade (f)	ʃarāb laymūn (m)	شراب ليمون
Linse (f)	ʿadas (m)	عدس
Lorbeerblatt (n)	awrāq al γār (pl)	أوراق الغار
Mais (m)	ðura (f)	ذرة
Mais (m)	ðura (f)	ذرة
Maisflocken (pl)	kurn fliks (m)	كورن فليكس
Makrele (f)	usqumriy (m)	أسقمريّ
Mandarine (f)	yūsufiy (m)	يوسفي
Mandel (f)	lawz (m)	لوز
Mango (f)	mangu (m)	مانجو
Margarine (f)	marγarīn (m)	مرغرين
mariniert	muχallil	مخلّل
Marmelade (f)	murabba (m)	مربّى
Marmelade (f)	marmalād (f)	مرملاد
Mayonnaise (f)	mayunīz (m)	مايونيز
Meeresfrüchte (pl)	fawākih al baḥr (pl)	فواكه البحر
Meerrettich (m)	fiʒl ḥārr (m)	فجل حار
Mehl (n)	daqīq (m)	دقيق
Melone (f)	baṭṭīχ aṣfar (f)	بطيخ أصفر
Messer (n)	sikkīn (m)	سكّين
Milch (f)	ḥalīb (m)	حليب
Milchcocktail (m)	milk ʃyk (m)	ميلك شيك
Milchkaffee (m)	qahwa bil ḥalīb (f)	قهوة بالحليب
Mineralwasser (n)	māʾ maʿdaniy (m)	ماء معدنيّ
mit Eis	biθ θalʒ	بالثلج
mit Gas	bil γāz	بالغاز
mit Kohlensäure	mukarban	مكربن
Mittagessen (n)	γadāʾ (m)	غداء
Moosbeere (f)	tūt aḥmar barriy (m)	توت أحمر بريّ
Morchel (f)	fuṭr al γūʃna (m)	فطر الغوشنة
Nachtisch (m)	ḥalawiyyāt (pl)	حلويّات
Nelke (f)	qurumful (m)	قرنفل
Nudeln (pl)	nūdlis (f)	نودلز

Oliven (pl)	zaytūn (m)	زيتون
Olivenöl (n)	zayt az zaytūn (m)	زيت الزيتون
Omelett (n)	bayḍ maχfūq (m)	بيض مخفوق
Orangensaft (m)	ʿaṣīr burtuqāl (m)	عصير برتقال
Papaya (f)	babāya (m)	بابايا
Paprika (m)	filfil (m)	فلفل
Paprika (m)	babrika (f)	بابريكا
Pastete (f)	maʿǧūn laḥm (m)	معجون لحم
Petersilie (f)	baqdūnis (m)	بقدونس
Pfifferling (m)	fuṭr kwīzi (m)	فطر كويزي
Pfirsich (m)	durrāq (m)	دراق
Pflanzenöl (n)	zayt (m)	زيت
Pflaume (f)	barqūq (m)	برقوق
Pilz (m)	fuṭr (f)	فطر
Pistazien (pl)	fustuq (m)	فستق
Pizza (f)	bītza (f)	بيتزا
Portion (f)	waǧba (f)	وجبة
Preiselbeere (f)	ʿinab aθ θawr (m)	عنب الثور
Protein (n)	brutināt (pl)	بروتينات
Pudding (m)	būding (m)	بودنج
Pulverkaffee (m)	niskafi (m)	نيسكافيه
Pute (f)	daǧāǧ rūmiy (m)	دجاج رومي
Räucherschinken (m)	faχð χinzīr (m)	فخذ خنزير
Rübe (f)	lift (m)	لفت
Radieschen (n)	fiǧl (m)	فجل
Rechnung (f)	ḥisāb (m)	حساب
Reis (m)	urz (m)	أرز
Rezept (n)	waṣfa (f)	وصفة
Rindfleisch (n)	laḥm al baqar (m)	لحم البقر
Roggen (m)	ǧāwdār (m)	جاودار
Rosenkohl (m)	kurumb brūksil (m)	كرنب بروكسل
Rosinen (pl)	zabīb (m)	زبيب
Rote Bete (f)	banǧar (m)	بنجر
rote Johannisbeere (f)	kiʃmiʃ aḥmar (m)	كشمش أحمر
roter Pfeffer (m)	filfil aḥmar (m)	فلفل أحمر
Rotkappe (f)	fuṭr aḥmar (m)	فطر أحمر
Rotwein (m)	nabīð aḥmar (m)	نبيذ أحمر
Rum (m)	rum (m)	رم
süß	musakkar	مسكّر
Safran (m)	zaʿfarān (m)	زعفران
Saft (m)	ʿaṣīr (m)	عصير
Sahne (f)	krīma (f)	كريمة
Salat (m)	sulṭa (f)	سلطة
Salz (n)	milḥ (m)	ملح
salzig	māliḥ	مالح
Sardine (f)	sardīn (m)	سردين
saure Sahne (f)	krīma ḥāmiḍa (f)	كريمة حامضة
Schale (f)	qiʃra (f)	قشرة
Scheibchen (n)	ʃarīḥa (f)	شريحة
Schinken (m)	hām (m)	هام
Schinkenspeck (m)	bikūn (m)	بيكون
Schokolade (f)	ʃukulāta (f)	شكولاتة

Schokoladen-	biʃ ʃukulāṭa	بالشكولاتة
Scholle (f)	samak mufalṭaḥ (f)	سمك مفلطح
schwarze Johannisbeere (f)	ʿinab aθ θaʿlab al aswad (m)	عنب الثعلب الأسود
schwarzer Kaffee (m)	qahwa sāda (f)	قهوة سادة
schwarzer Pfeffer (m)	filfil aswad (m)	فلفل أسود
schwarzer Tee (m)	ʃāy aswad (m)	شاي أسود
Schweinefleisch (n)	laḥm al xinzīr (m)	لحم الخنزير
Sellerie (m)	karafs (m)	كرفس
Senf (m)	ṣalṣat al xardal (f)	صلصة الخردل
Sesam (m)	simsim (m)	سمسم
Soße (f)	ṣalṣa (f)	صلصة
Sojabohne (f)	fūl aṣ ṣūya (m)	فول الصويا
Sonnenblumenöl (n)	zayt ʿabīd aʃ ʃams (m)	زيت عبيد الشمس
Spaghetti (pl)	spaɣitti (m)	سباغيتي
Spargel (m)	halyūn (m)	هليون
Speisekarte (f)	qā'imat aṭ ṭaʿām (f)	قائمة طعام
Spiegelei (n)	bayḍ maqliy (m)	بيض مقليّ
Spinat (m)	sabānix (m)	سبانخ
Spirituosen (pl)	maʃrūbāt kuḥūliyya (pl)	مشروبات كحوليّة
Störfleisch (n)	samak al ḥaʃʃ (m)	سمك الحفش
Stück (n)	qiṭʿa (f)	قطعة
Stachelbeere (f)	ʿinab aθ θaʿlab (m)	عنب الثعلب
Steinpilz (m)	fuṭr bulīṭ maʾkūl (m)	فطر بوليط مأكول
still	bi dūn ɣāz	بدون غاز
Suppe (f)	ʃūrba (f)	شوربة
Täubling (m)	fuṭr russūla (m)	فطر روسّولا
Tasse (f)	finʒān (m)	فنجان
Tee (m)	ʃāy (m)	شاي
Teelöffel (m)	milʿaqat ʃāy (f)	ملعقة شاي
Teigwaren (pl)	makarūna (f)	مكرونة
Teller (m)	ṭabaq (m)	طبق
tiefgekühlt	muʒammad	مجمّد
Tomate (f)	ṭamāṭim (f)	طماطم
Tomatensaft (m)	ʿaṣīr ṭamāṭim (m)	عصير طماطم
Torte (f)	tūrta (f)	تورتة
Trinkgeld (n)	baqʃīʃ (m)	بقشيش
Trinkwasser (n)	māʾ ʃurb (m)	ماء شرب
Tunfisch (m)	tūna (f)	تونة
Untertasse (f)	ṭabaq finʒān (m)	طبق فنجان
Vegetarier (m)	nabātiy (m)	نباتيّ
vegetarisch	nabātiy	نباتيّ
Vitamin (n)	vitamīn (m)	فيتامين
Vorspeise (f)	muqabbilāt (pl)	مقبّلات
Würstchen (n)	suʒuq (m)	سجق
Waffeln (pl)	wāfil (m)	وافل
Walderdbeere (f)	farāwla barriyya (f)	فراولة برّية
Walnuss (f)	ʿayn al ʒamal (f)	عين الجمل
Wasser (n)	māʾ (m)	ماء
Wasserglas (n)	kubbāya (f)	كبّاية
Wassermelone (f)	baṭṭīx aḥmar (m)	بطّيخ أحمر
weiße Bohne (f)	faṣūliya (f)	فاصوليا

Weißwein (m)	nibīð abyaḍ (m)	نبيذ أبيض
Wein (m)	nabīð (f)	نبيذ
Weinglas (n)	ka's (f)	كأس
Weinkarte (f)	qā'imat al ҳumūr (f)	قائمة خمور
Weintrauben (pl)	'inab (m)	عنب
Weizen (m)	qamḥ (m)	قمح
Wels (m)	qarmūṭ (m)	قرموط
Wermut (m)	virmut (m)	فيرموث
Whisky (m)	wiski (m)	وسكي
Wild (n)	ṣayd (m)	صيد
Wodka (m)	vudka (f)	فودكا
Wurst (f)	suʒuq (m)	سجق
Zahnstocher (m)	ҳallat asnān (f)	خلة أسنان
Zander (m)	samak sandar (m)	سمك سندر
Zimt (m)	qirfa (f)	قرفة
Zitrone (f)	laymūn (m)	ليمون
Zucchini (f)	kūsa (f)	كوسة
Zucker (m)	sukkar (m)	سكّر
Zunge (f)	lisān (m)	لسان
Zwiebel (f)	baṣal (m)	بصل

Arabisch-Deutsch gastronomisches wörterbuch

طبق فنجان	ṭabaq finʒān (m)	Untertasse (f)
كبّاية	kubbāya (f)	Wasserglas (n)
كأس	ka's (f)	Weinglas (n)
لحم	laḥm (m)	Fleisch (n)
دجاج	daʒāʒ (m)	Hühnerfleisch (n)
بطّة	baṭṭa (f)	Ente (f)
إوزّة	iwazza (f)	Gans (f)
صيد	ṣayd (m)	Wild (n)
دجاج رومي	daʒāʒ rūmiy (m)	Pute (f)
لحم الخنزير	laḥm al ximzīr (m)	Schweinefleisch (n)
لحم العجل	laḥm il 'iʒl (m)	Kalbfleisch (n)
لحم الضأن	laḥm aḍ ḍa'n (m)	Hammelfleisch (n)
لحم البقر	laḥm al baqar (m)	Rindfleisch (n)
أرنب	arnab (m)	Kaninchenfleisch (n)
سجق	suʒuq (m)	Wurst (f)
سجق	suʒuq (m)	Würstchen (n)
بيكون	bikūn (m)	Schinkenspeck (m)
هام	hām (m)	Schinken (m)
فخذ خنزير	faxð xinzīr (m)	Räucherschinken (m)
معجون لحم	ma'ʒūn laḥm (m)	Pastete (f)
كبدة	kibda (f)	Leber (f)
حشوة	ḥaʃwa (f)	Hackfleisch (n)
لسان	lisān (m)	Zunge (f)
بيضة	bayḍa (f)	Ei (n)
بيض	bayḍ (m)	Eier (pl)
بياض البيض	bayāḍ al bayḍ (m)	Eiweiß (n)
صفار البيض	ṣafār al bayḍ (m)	Eigelb (n)
سمك	samak (m)	Fisch (m)
فواكه البحر	fawākih al baḥr (pl)	Meeresfrüchte (pl)
كافيار	kaviyār (m)	Kaviar (m)
سلطعون	salṭa'ūn (m)	Krabbe (f)
جمبري	ʒambari (m)	Garnele (f)
محار	maḥār (m)	Auster (f)
كركند شائك	karkand ʃāik (m)	Languste (f)
كالماري	kalmāri (m)	Kalmar (m)
سمك الحفش	samak al ḥafʃ (m)	Störfleisch (n)
سلمون	salmūn (m)	Lachs (m)
سمك الهلبوت	samak al halbūt (m)	Heilbutt (m)
سمك القدّ	samak al qudd (m)	Dorsch (m)
أسقمري	usqumriy (m)	Makrele (f)
تونة	tūna (f)	Tunfisch (m)
حنكليس	ḥankalīs (m)	Aal (m)
سلمون مرقّط	salmūn muraqqaṭ (m)	Forelle (f)
سردين	sardīn (m)	Sardine (f)

سمك الكراكي	samak al karāki (m)	Hecht (m)
رنجة	rinʒa (f)	Hering (m)
خبز	χubz (m)	Brot (n)
جبنة	ʒubna (f)	Käse (m)
سكّر	sukkar (m)	Zucker (m)
ملح	milḥ (m)	Salz (n)
أرز	urz (m)	Reis (m)
مكرونة	makarūna (f)	Teigwaren (pl)
نودلز	nūdlis (f)	Nudeln (pl)
زبدة	zubda (f)	Butter (f)
زيت	zayt (m)	Pflanzenöl (n)
زيت عبيد الشمس	zayt ʿabīd aʃ ʃams (m)	Sonnenblumenöl (n)
مرغرين	marɣarīn (m)	Margarine (f)
زيتون	zaytūn (m)	Oliven (pl)
زيت الزيتون	zayt az zaytūn (m)	Olivenöl (n)
حليب	ḥalīb (m)	Milch (f)
حليب مكثّف	ḥalīb mukaθθaf (m)	Kondensmilch (f)
يوغورت	yūɣurt (m)	Joghurt (m, f)
كريمة حامضة	krīma ḥāmiḍa (f)	saure Sahne (f)
كريمة	krīma (f)	Sahne (f)
مايونيز	mayunīz (m)	Mayonnaise (f)
كريمة زبدة	krīmat zubda (f)	Buttercreme (f)
حبوب	ḥubūb (pl)	Grütze (f)
دقيق	daqīq (m)	Mehl (n)
معلّبات	muʿallabāt (pl)	Konserven (pl)
كورن فليكس	kurn fliks	Maisflocken (pl)
عسل	ʿasal (m)	Honig (m)
مربّى	murabba (m)	Marmelade (f)
علك	ʿilk (m)	Kaugummi (m, n)
ماء	māʾ (m)	Wasser (n)
ماء شرب	māʾ ʃurb (m)	Trinkwasser (n)
ماء معدنيّ	māʾ maʿdaniy (m)	Mineralwasser (n)
بدون غاز	bi dūn ɣāz	still
مكربن	mukarban	mit Kohlensäure
بالغاز	bil ɣāz	mit Gas
ثلج	θalʒ (m)	Eis (n)
بالثلج	biθ θalʒ	mit Eis
بدون كحول	bi dūn kuḥūl	alkoholfrei
مشروب غازي	maʃrūb ɣāziy (m)	alkoholfreies Getränk (n)
مشروب مثلّج	maʃrūb muθallaʒ (m)	Erfrischungsgetränk (n)
شراب ليمون	ʃarāb laymūn (m)	Limonade (f)
مشروبات كحوليّة	maʃrūbāt kuḥūliyya (pl)	Spirituosen (pl)
نبيذ	nabīð (f)	Wein (m)
نبيذ أبيض	nibīð abyaḍ (m)	Weißwein (m)
نبيذ أحمر	nabīð aḥmar (m)	Rotwein (m)
ليكيور	liqiūr (m)	Likör (m)
شمبانيا	ʃambāniya (f)	Champagner (m)
فيرموث	virmut (m)	Wermut (m)
وسكي	wiski (m)	Whisky (m)
فودكا	vudka (f)	Wodka (m)
جين	ʒīn (m)	Gin (m)
كونياك	kunyāk (m)	Kognak (m)

رم	rum (m)	Rum (m)
قهوة	qahwa (f)	Kaffee (m)
قهوة سادة	qahwa sāda (f)	schwarzer Kaffee (m)
قهوة بالحليب	qahwa bil ḥalīb (f)	Milchkaffee (m)
كابتشينو	kaputʃīnu (m)	Cappuccino (m)
نيسكافيه	niskafi (m)	Pulverkaffee (m)
كوكتيل	kuktayl (m)	Cocktail (m)
ميلك شيك	milk ʃiyk (m)	Milchcocktail (m)
عصير	ʿaṣīr (m)	Saft (m)
عصير طماطم	ʿaṣīr ṭamāṭim (m)	Tomatensaft (m)
عصير برتقال	ʿaṣīr burtuqāl (m)	Orangensaft (m)
عصير طازج	ʿaṣīr ṭāziʒ (m)	frisch gepresster Saft (m)
بيرة	bīra (f)	Bier (n)
بيرة خفيفة	bīra χafīfa (f)	Helles (n)
بيرة غامقة	bīra ɣāmiqa (f)	Dunkelbier (n)
شاي	ʃāy (m)	Tee (m)
شاي أسود	ʃāy aswad (m)	schwarzer Tee (m)
شاي أخضر	ʃāy aχḍar (m)	grüner Tee (m)
خضار	χuḍār (pl)	Gemüse (n)
خضروات ورقيّة	χuḍrawāt waraqiyya (pl)	grünes Gemüse (pl)
طماطم	ṭamāṭim (f)	Tomate (f)
خيار	χiyār (m)	Gurke (f)
جزر	ʒazar (m)	Karotte (f)
بطاطس	baṭāṭis (f)	Kartoffel (f)
بصل	baṣal (m)	Zwiebel (f)
ثوم	θūm (m)	Knoblauch (m)
كرنب	kurumb (m)	Kohl (m)
قرنبيط	qarnabīṭ (m)	Blumenkohl (m)
كرنب بروكسل	kurumb brūksil (m)	Rosenkohl (m)
بركولي	brukuli (m)	Brokkoli (m)
بنجر	banʒar (m)	Rote Bete (f)
باذنجان	bātinʒān (m)	Aubergine (f)
كوسة	kūsa (f)	Zucchini (f)
قرع	qarʿ (m)	Kürbis (m)
لفت	lift (m)	Rübe (f)
بقدونس	baqdūnis (m)	Petersilie (f)
شبت	ʃabat (m)	Dill (m)
خسّ	χass (m)	Kopf Salat (m)
كرفس	karafs (m)	Sellerie (m)
هليون	halyūn (m)	Spargel (m)
سبانخ	sabāniχ (m)	Spinat (m)
بسلّة	bisilla (f)	Erbse (f)
فول	fūl (m)	Bohnen (pl)
ذرّة	ðura (f)	Mais (m)
فاصوليا	faṣūliya (f)	weiße Bohne (f)
فلفل	filfil (m)	Paprika (m)
فجل	fiʒl (m)	Radieschen (n)
خرشوف	χurʃūf (m)	Artischocke (f)
فاكهة	fākiha (f)	Frucht (f)
تفّاحة	tuffāḥa (f)	Apfel (m)
كمّثرى	kummaθra (f)	Birne (f)
ليمون	laymūn (m)	Zitrone (f)

برتقال	burtuqāl (m)	Apfelsine (f)
فراولة	farawla (f)	Erdbeere (f)
يوسفي	yūsufiy (m)	Mandarine (f)
برقوق	barqūq (m)	Pflaume (f)
دراق	durrāq (m)	Pfirsich (m)
مشمش	miʃmiʃ (f)	Aprikose (f)
توت العليق الأحمر	tūt al 'ullayq al aḥmar (m)	Himbeere (f)
أناناس	ananās (m)	Ananas (f)
موز	mawz (m)	Banane (f)
بطيخ أحمر	baṭṭīx aḥmar (m)	Wassermelone (f)
عنب	'inab (m)	Weintrauben (pl)
بطيخ أصفر	baṭṭīx aṣfar (f)	Melone (f)
زنباع	zinbā' (f)	Grapefruit (f)
افوكاتو	avukādu (f)	Avocado (f)
بابايا	babāya (m)	Papaya (f)
مانجو	mangu (m)	Mango (f)
رمان	rummān (m)	Granatapfel (m)
كشمش أحمر	kiʃmiʃ aḥmar (m)	rote Johannisbeere (f)
عنب الثعلب الأسود	'inab aθ θa'lab al aswad (m)	schwarze Johannisbeere (f)
عنب الثعلب	'inab aθ θa'lab (m)	Stachelbeere (f)
عنب الأحراج	'inab al aḥrāʒ (m)	Heidelbeere (f)
ثمر العليق	θamar al 'ullayk (m)	Brombeere (f)
زبيب	zabīb (m)	Rosinen (pl)
تين	tīn (m)	Feige (f)
تمر	tamr (m)	Dattel (f)
فول سوداني	fūl sudāniy (m)	Erdnuss (f)
لوز	lawz (m)	Mandel (f)
عين الجمل	'ayn al ʒamal (f)	Walnuss (f)
بندق	bunduq (m)	Haselnuss (f)
جوز هند	ʒawz al hind (m)	Kokosnuss (f)
فستق	fustuq (m)	Pistazien (pl)
حلويّات	ḥalawiyyāt (pl)	Konditorwaren (pl)
بسكويت	baskawīt (m)	Keks (m, n)
شكولاتة	ʃukulāta (f)	Schokolade (f)
بالشكولاتة	biʃ ʃukulāṭa	Schokoladen-
بونبون	bumbūn (m)	Bonbon (m, n)
كعك	ka'k (m)	Kuchen (m)
تورتة	tūrta (f)	Torte (f)
فطيرة	faṭīra (f)	Kuchen (m)
حشوة	ḥaʃwa (f)	Füllung (f)
مربّى	murabba (m)	Konfitüre (f)
مرملاد	marmalād (f)	Marmelade (f)
وافل	wāfil (m)	Waffeln (pl)
مثلجات	muθallaʒāt (pl)	Eis (n)
وجبة	waʒba (f)	Gericht (n)
مطبخ	maṭbax (f)	Küche (f)
وصفة	waṣfa (f)	Rezept (n)
وجبة	waʒba (f)	Portion (f)
سلطة	sulṭa (f)	Salat (m)
شوربة	ʃūrba (f)	Suppe (f)
مرق	maraq (m)	Brühe (f), Bouillon (f)

ساندويتش	sandawitʃ (m)	belegtes Brot (n)
بيض مقلي	bayḍ maqliy (m)	Spiegelei (n)
هامبورجر	hamburger (m)	Hamburger (m)
بفتيك	biftīk (m)	Beefsteak (n)
طبق جانبي	ṭabaq ӡānibiy (m)	Beilage (f)
سباغيتي	spaɣitti (m)	Spaghetti (pl)
هريس بطاطس	harīs baṭāṭis (m)	Kartoffelpüree (n)
بيتزا	bītza (f)	Pizza (f)
عصيدة	ʿaṣīda (f)	Brei (m)
بيض مخفوق	bayḍ maxfūq (m)	Omelett (n)
مسلوق	maslūq	gekocht
مدخَن	mudaxxin	geräuchert
مقلي	maqliy	gebraten
مجفَف	muӡaffaf	getrocknet
مجمَد	muӡammad	tiefgekühlt
مخلَل	muxallil	mariniert
مسكَر	musakkar	süß
مالح	māliḥ	salzig
بارد	bārid	kalt
ساخن	sāxin	heiß
مرّ	murr	bitter
لذيذ	laðīð	lecker
قشرة	qiʃra (f)	Schale (f)
فلفل أسود	filfil aswad (m)	schwarzer Pfeffer (m)
فلفل أحمر	filfil aḥmar (m)	roter Pfeffer (m)
صلصة الخردل	ṣalṣat al xardal (f)	Senf (m)
فجل حارّ	fiӡl ḥārr (m)	Meerrettich (m)
تابل	tābil (m)	Gewürz (n)
بهار	bahār (m)	Gewürz (n)
صلصة	ṣalṣa (f)	Soße (f)
خلّ	xall (m)	Essig (m)
يانسون	yānsūn (m)	Anis (m)
ريحان	rīḥān (m)	Basilikum (n)
قرنفل	qurumful (m)	Nelke (f)
زنجبيل	zanӡabīl (m)	Ingwer (m)
كزبرة	kuzbara (f)	Koriander (m)
قرفة	qirfa (f)	Zimt (m)
سمسم	simsim (m)	Sesam (m)
أوراق الغار	awrāq al ɣār (pl)	Lorbeerblatt (n)
بابريكا	babrika (f)	Paprika (m)
كراوية	karāwiya (f)	Kümmel (m)
زعفران	zaʿfarān (m)	Safran (m)
أكل	akl (m)	Essen (n)
فطور	fuṭūr (m)	Frühstück (n)
غداء	ɣadāʾ (m)	Mittagessen (n)
عشاء	ʿaʃāʾ (m)	Abendessen (n)
شهيَة	ʃahiyya (f)	Appetit (m)
هنيئًا مريئًا!	hanīʾan marīʾan!	Guten Appetit!
طعم	ṭaʿm (m)	Geschmack (m)
المذاق العالق فى الفم	al maðāq al ʿāliq fil fam (m)	Beigeschmack (m)
حمية غذائية	ḥimya ɣaðāʾiyya (f)	Diät (f)
فيتامين	vitamīn (m)	Vitamin (n)

سعرة حرارية	su'ra ḥarāriyya (f)	Kalorie (f)
نباتيّ	nabātiy (m)	Vegetarier (m)
نباتيّ	nabātiy	vegetarisch
دهون	duhūn (pl)	Fett (n)
بروتينات	brutināt (pl)	Protein (n)
نشويّات	naʃawiyyāt (pl)	Kohlenhydrat (n)
شريحة	ʃarīḥa (f)	Scheibchen (n)
قطعة	qiṭ'a (f)	Stück (n)
فتاتة	futāta (f)	Krümel (m)
ملعقة	mil'aqa (f)	Löffel (m)
سكّين	sikkīn (m)	Messer (n)
شوكة	ʃawka (f)	Gabel (f)
فنجان	finʒān (m)	Tasse (f)
طبق	ṭabaq (m)	Teller (m)
خلّة أسنان	xallat asnān (f)	Zahnstocher (m)
بار	bār (m)	Bar (f)
نادل	nādil (m)	Kellner (m)
نادلة	nādila (f)	Kellnerin (f)
بارمان	bārman (m)	Barmixer (m)
قائمة طعام	qā'imat aṭ ṭa'ām (f)	Speisekarte (f)
قائمة خمور	qā'imat al xumūr (f)	Weinkarte (f)
شراب	ʃarāb (m)	Aperitif (m)
مقبّلات	muqabbilāt (pl)	Vorspeise (f)
حلويّات	ḥalawiyyāt (pl)	Nachtisch (m)
حساب	ḥisāb (m)	Rechnung (f)
بقشيش	baqʃīʃ (m)	Trinkgeld (n)
ملعقة شاي	mil'aqat ʃāy (f)	Teelöffel (m)
ملعقة كبيرة	mil'aqa kabīra (f)	Esslöffel (m)
فتّاحة	fattāḥa (f)	Flaschenöffner (m)
فتّاحة	fattāḥa (f)	Dosenöffner (m)
بريمة	barrīma (f)	Korkenzieher (m)
أبراميس	abramīs (m)	Brachse (f)
شبّوط	ʃabbūṭ (m)	Karpfen (m)
فرخ	farx (m)	Barsch (m)
قرموط	qarmūṭ (m)	Wels (m)
سلمون أطلسيّ	salmūn aṭlasiy (m)	atlantische Lachs (m)
سمك مفلطح	samak mufalṭaḥ (f)	Scholle (f)
سمك سندر	samak sandar (m)	Zander (m)
قرش	qirʃ (m)	Hai (m)
فطر	fuṭr (f)	Pilz (m)
فطر صالح للأكل	fuṭr ṣāliḥ lil akl (m)	essbarer Pilz (m)
فطر سامّ	fuṭr sāmm (m)	Giftpilz (m)
فطر بوليط مأكول	fuṭr bulīṭ ma'kūl (m)	Steinpilz (m)
فطر أحمر	fuṭr aḥmar (m)	Rotkappe (f)
فطر بوليط	fuṭr bulīṭ (m)	Birkenpilz (m)
فطر كويزي	fuṭr kwīzi (m)	Pfifferling (m)
فطر روسّولا	fuṭr russūla (m)	Täubling (m)
فطر الغوشنة	fuṭr al ɣūʃna (f)	Morchel (f)
فطر أمانيت الطائر السامّ	fuṭr amānīt aṭ ṭā'ir as sāmm (m)	Fliegenpilz (m)
فطر أمانيت فالوسياني السامّ	fuṭr amānīt falusyāniy as sāmm (m)	Grüner Knollenblätterpilz (m)

توت أحمر برّيّ	tūt aḥmar barriy (m)	Moosbeere (f)
كيوي	kiwi (m)	Kiwi, Kiwifrucht (f)
حبّة	ḥabba (f)	Beere (f)
حبّات	ḥabbāt (pl)	Beeren (pl)
عنب الثور	ʿinab aθ θawr (m)	Preiselbeere (f)
فراولة برّيّة	farāwla barriyya (f)	Walderdbeere (f)
حبوب	ḥubūb (pl)	Getreide (n)
محاصيل الحبوب	maḥāṣīl al ḥubūb (pl)	Getreidepflanzen (pl)
سنبلة	sumbula (f)	Ähre (f)
قمح	qamḥ (m)	Weizen (m)
جاودار	ʒāwdār (m)	Roggen (m)
شوفان	ʃūfān (m)	Hafer (m)
دخن	duxn (m)	Hirse (f)
شعير	ʃaʿīr (m)	Gerste (f)
ذرة	ðura (f)	Mais (m)
حنطة سوداء	ḥinṭa sawdāʾ (f)	Buchweizen (m)
فول الصويا	fūl aṣ ṣūya (m)	Sojabohne (f)
عدس	ʿadas (m)	Linse (f)
بودنج	būding (m)	Pudding (m)
ثمر	θamr (m)	Früchte (pl)

www.ingramcontent.com/pod-product-compliance
Lightning Source LLC
LaVergne TN
LVHW051301080426
835509LV00020B/3086